Gerhard Schütz · Horst Freigang

TAUSEND TRANCE TIPS

PRAXIS DER MEDIZINISCHEN HYPNOSE

Ein Übungsbuch für Anfänger und Fortgeschrittene

HYPNOS VERLAG STUTTGART

ISBN 3-933569-19-2

Printed in Germany, 1998
Herstellung: a klein, Filderstadt

Erste Auflage, 1998

Tausend Trance Tips, Praxis der medizinischen Hypnose.
Ein Übungsbuch für Anfänger und Fortgeschrittene, Gerhard Schütz / Horst Freigang.

Inhalt

Z1: Einführung in die Zahnärztliche Hypnose

Konstruktive Rahmenbedingungen

Wenn Du erste Erfahrungen mit hypnotischen Zuständen sammeln willst, so beachte bitte folgende Punkte, die Dir den Einstieg in die „Welt der Trance" erleichtern können:

Sorge für:

- eine ruhige Atmosphäre
- eine bequeme Lage, sowohl für Deinen Patienten (Versuchsperson) als auch für Dich selber
- ein Klima, in dem die Akzeptanz für mögliche Trancephänomene erhöht wird
- eine klare Zielstellung

Sei Dir klar, daß:

- die Motivation Deines Patienten (Versuchsperson) entscheidend für Deinen Hypnoseerfolg sein kann
- Du selber Dich gut fühlen solltest, um Deine ersten Erfahrungen mit Hypnose zu sammeln

> ☛ Der Zustand der Trance läßt sich nie erzwingen, sondern nur herbeilocken. Es ist ähnlich wie beim Schlafen wollen: je mehr Du Dich zwingst, einschlafen zu wollen, desto wacher wirst Du!

Ethische Richtlinien

Im Zustand der Trance schränkt der Patient seine Außenkontrolle ein, er ist empfänglich für Suggestionen. Deshalb ist ein verantwortungsvoller Umgang mit dem Phänomen der Hypnose notwendig. Der Therapeut sorgt für den Schutz und die Sicherheit des Patienten.

Das Wohl des Patienten ist die oberste Maxime. Suggestionen müssen immer der Gesundheit des Patienten dienen.

Der Therapeut verpflichtet sich zu regelmäßiger Supervision.

Hypnose dient nur zu medizinischen Zwecken, niemals zur Belustigung oder Manipulation anderer Menschen.

Hypnose ist nur zulässig, wenn das freiwillige Einverständnis der Patienten vorliegt.

Indikation und Kontraindikation

Indikation:
Im zahnärztlichen Bereich beschränkt sich die Indikation für eine formale hypnotische Behandlung hauptsächlich auf folgende Bereiche:

- Angstabbau
- Phobie

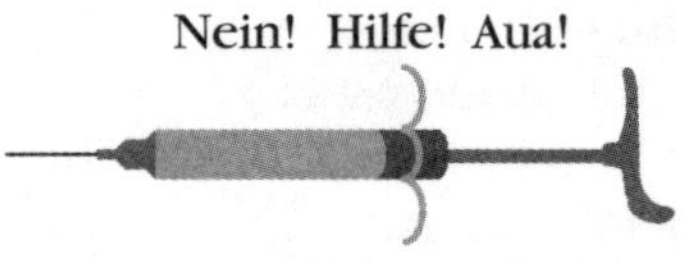

- Spritzenangst
- Betäubungsmittelunverträglichkeit
- Medikamentenallergie
- Streßabbau
- Hautveränderungen
- Akute und chronische Schmerzen
- Gefahr eines Narkoserisikos
- Verspannungen im Gesichts- und Mundbereich
- Bruxismus
- Würgereizproblematik
- Hypermotorik
- Nervosität
- Habits, die z.B. zu Verspannungen führen
- Bißnahme
- Prothesenunverträglichkeit
- Langzeitbehandlung

Beachte bitte, daß:
- der Patient bei einer formalen Hypnosebehandlung sein Einverständnis geben muß
- ein Mindestmaß an Suggestibilität vorhanden sein muß - eventuell kleinen Suggestibilitätstest (siehe Z2 Suggestibilitätstests und ihre Nutzung) machen
- der Patient sich konzentrieren kann
- der Patient nicht unter Drogen steht
- der Patient motiviert sein sollte, auch zu Hause mit Selbsthypnose zu experimentieren

Kontraindikation:
- Der Patient verweigert sein Einverständnis für eine hypnotische Behandlung (hier darf keine formale hypnotische Beeinflussung versucht werden, wohl aber Entspannungstechniken)
- Der Patient gehört zu den etwa 10% der schwer zu Hypnotisierenden (versuche nicht im übertriebenen Eifer als Anfänger auch diese Menschen in Trance versetzen zu wollen - später lernst Du, wie man möglicherweise auch diese Menschen hypnotisch erreicht)
- Der Patient steht unter Drogen oder starken Medikamenten, die sein affektives Erleben beeinflussen (hier kann eine Trance zu unberechenbaren Nebenwirkungen führen)

- Der Patient leidet unter schweren psychotischen Störungen (z.B. Schizophrenie)
- Fachfremder Bereich
- Ungeklärte medizinische Diagnose
- Unzureichende Konzentrationsfähigkeit des Patienten
- Mangelhaftes Vorstellungsvermögen
- Mangelhafte Ausbildung
- Zu wenig Zeit

Mythen über Hypnose

(nach Schütz, Hypnose in der Praxis)
Du findest im folgenden einige, immer wieder gestellte Fragen, mit denen Du Dich als Hypnosezahnarzt auseinanderzusetzen hast. Mit den folgenden Antworten hast Du die Möglichkeit, Vorurteile und Mythen über Hypnose auszuräumen:

Ist jeder hypnotisierbar?

Nach der klassischen Auffassung über Hypnose sind etwa 10% aller Menschen sehr leicht in Trance zu versetzen, 80% gelten als durchschnittlich hypnotisierbar und 10% als schwer zu hypnotisieren. Die klassische Hypnose bedient sich hauptsächlich direktiver und geradliniger Induktionen. Diese Induktionsformen sind bei stark kontrollierten und unruhigen Menschen und Kindern oft unwirksam.
In der modernen Hypnotherapie sind die Induktionstechniken vielfältiger und erreichen auch den kontrollierten und unruhigen Patienten und auch kleine Kinder. Hier gilt fast jeder als hypnotisch ansprechbar. Nicht jeder Patient allerdings wird gleich tiefe Trancezustände erleben können, aber mit zunehmender Übung werden die Trancezustände immer intensiver.
Hypnose wird von manchen Autoren als eine besondere Form der Kommunikation beschrieben. Lassen sich Menschen auf diese Form der Kommunikation ein, entwikkeln sich automatisch Trancephänomene.

☛10% sehr gut, 80% gut bis durchschnittlich, 10% sehr schwer

Kann ich gegen meinen Willen hypnotisiert werden?

Der Wille des Menschen ist kein viereckiger Betonklotz, in dem der Name „Wille“ eingemeißelt wurde. Der Wille ist etwas äußerst diffiziles. Wir bestehen aus verschiedenen „Teilen“, die alle ihren eigenen Willen haben. Betrachten wir das Beispiel eines Rauchers, der sich vornimmt mit dem Rauchen aufzuhören. Die Großhirnrinde im Kopf des Rauchers sagt z.B.:
„Ich will nicht mehr rauchen!“
Der Körper hingegen:
„Ich will jetzt eine Zigarette!“
Deshalb ist die oben angeführte Frage auch so schwer zu beantworten, weil wir nicht genau wissen, auf was sich der „Wille“ eigentlich bezieht.
Wenn Du Dich vor unerwünschten Trancen, beispielsweise bei einer Showhypnose, schützen willst, so mache folgendes: Stelle Dir, während Du die Suggestionen hörst,

intensiv ein sehr schönes Erlebnis vor, so kann Dich eine ungewollte Suggestion nur in reduzierter Form erreichen.

☛ Der Wille eines Menschen ist etwas sehr Komplexes!

Kann ich mich an alles erinnern, was in Trance geschah?
Nicht immer. Es ist ähnlich wie bei der Frage: Kann ich mich noch genau an meinen Traum der letzten Nacht erinnern?
Manchmal hat man das Gefühl, daß man sich so gut wie an alles, was in der Trance geschah, erinnern kann, manchmal aber ist alles wie gelöscht. Hier spricht man von totaler Amnesie. Es ist sehr schwer vorherzusagen, ob der Patient eine spontane Amnesie entwickeln wird, oder nicht.

Kann ich in frühere Leben zurückgeführt werden?
Diese Frage hieße besser: Glauben Sie an frühere Leben?
Wer daran glaubt, entwickelt ohne weiteres Bilder von „früheren Leben“ und hält diese für authentisch. Wer nicht daran glaubt, kann zwar auch Bilder aus früheren Zeiten entwickeln, er wird diese dann allerdings als Phantasieprodukte bewerten. Unsere Glaubenssysteme beeinflussen unsere hypnotischen Erlebnisse, und diese Erlebnisse beeinflussen wiederum unseren Glauben.

Besteht die Gefahr, nicht mehr aus der Hypnose zu erwachen?
Nein, wenn die Hypnose von einem erfahrenen Hypnotherapeuten angewendet wird. Es gibt selten Probleme mit der Dehypnose. Natürlich sind manche Menschen nach der Trance nachdenklich und vielleicht sogar auch etwas durcheinander, aber das ist nicht die Folge der Hypnose, sondern der Erlebnisse, die der Patient in Hypnose hatte.

☞ Nichts für schwache Nerven: Wenn Du Dich nicht in die rabenschwarzen Abgründe der menschlichen Phantasie begeben willst, lies bitte nicht die Geschichte von E.A. POE, „Der Fall Valdemar“, Geschichten des Grauens. Wir haben Dich gewarnt!

Kann man in Hypnose unsittliche oder antisoziale Handlungen suggerieren?
Verschiedene Versuche zeigen, daß es sehr schwer ist, Menschen in Hypnose zu unsittlichen oder destruktiven Verhaltensweisen anzustiften. Im allgemeinen wachen die Hypnotisierten dann spontan aus der Trance auf, so, als würde eine unsichtbare moralische Instanz den hypnotischen Verlauf ständig überwachen.

Kann man in Trance vollkommene Schmerzunempfindlichkeit erzeugen?
Ja, bei einem bestimmten Prozentsatz von Menschen ist es möglich, eine vollkommene hypnotische Anästhesie zu erzeugen. Bauchoperationen, Amputationen, kieferchirurgische Eingriffe und andere Operationen sind ausführlich dokumentiert. Bei durchschnittlich suggestiblen Patienten kann mittels Hypnose die Medikamentenzufuhr bei ärztlichen Eingriffen im Mundbereich um bis zu 75% reduziert werden, was wiederum unberechenbare Nebenwirkungen minimiert. Der Nachteil einer hypnotischen Anästhesie ist der zeitliche Aufwand. Der Patient muß erst in einen tiefen hypnotischen

Zustand geführt werden, was oft sehr zeitintensiv ist. Manchmal kann der Patient diese Zeit sehr verkürzen, wenn er bereits zu Hause mit entsprechend vorbereiteten Kassetten Trancezustände einübt (Anleitung zur Selbsthypnose).

Sind nur willensschwache Menschen hypnotisierbar?
Hypnose hat mit Willensstärke oder -schwäche nichts gemein. Phantasietätigkeit, Konzentrationsfähigkeit, Kreativität, Vertrauenskraft und Gefühlsoffenheit sind entscheidende Faktoren, die einen positiven Verlauf einer Hypnose begünstigen.

Probleme der Showhypnose
Von Zeit zu Zeit werden Zwischenfälle während oder nach Showhypnosen publik.
Sie ziehen, wenn sie bekannt werden, schnell das Interesse auf sich, und bestätigen manches Vorurteil. In einer Fernsehsendung gab es vor einiger Zeit eine Hypnoseshow, in der der Hypnotiseur seine Zuschauer vor dem Fernsehapparat hypnotisierte. Sie sollten in einem Zustand der *Fernsehtrance* verlorene Gegenstände in ihrer Wohnung finden. Hunderte von Zuschauern riefen beim Sender am gleichen Abend an und beklagten sich über die unterschiedlichsten Symptome. Manche klagten über Kopfschmerzen, anderen war übel und wieder andere berichteten von Verwirrungszuständen oder unerklärlicher Müdigkeit. Zwischenfälle dieser Art sind vermutlich nach Showhypnosen häufig, sie werden aber möglicherweise von den Betroffenen nicht mit der Showhypnose in ursächlichen Zusammenhang gebracht. Manchmal treten solche Symptome auch zeitversetzt auf, wie bei einer Pilzvergiftung, und der wirkliche Grund bleibt immer im dunkeln. Der Showhypnotiseur hypnotisiert manchmal hunderte vom Menschen gleichzeitig und kann unmöglich alles im Blick haben, so daß es hier zu Komplikationen kommen kann. Manche Trancen entwickeln sich bei labilen Menschen spontan zu Problemtrancen oder die Phase der Reorientierung wird nicht gewissenhaft eingeleitet, so daß ein Resthypnoid sich nachteilig auf die Befindlichkeit auswirken kann. Nur in seltenen Fällen kümmert sich der Showhypnotiseur um Probleme seiner „Mitspieler". Da er im allgemeinen nur gut in Induktionstechniken ausgebildet ist, kann er mit Zwischenfällen, die nach der Trance auftreten, schwer umgehen.
Vor kurzem gab es in England viel Aufsehen, weil eine Frau, die von einem Showhypnotiseur in Trance versetzt wurde, kurze Zeit später starb. Der Hypnotiseur induzierte während seiner Show einen imaginativen Stromschlag, der die Frau schockte. Kurz darauf starb sie. Wie sich herausstellte, hatte die Frau in jungen Jahren ein traumatisches Erlebnis mit einem Stromunfall, das offenbar durch die Hypnose reaktiviert worden war.

In manchen Ländern, wie z.B. in Israel, Südafrika, Schweden oder einigen Kantonen in der Schweiz, ist die Ausübung der Showhypnose gesetzlich untersagt.
Der Showhypnotiseur arbeitet mit unterschiedlichen Tricks. Manchmal hat er Helfer im Publikum, die er auf die Bühne lotst und die dann schnell und spektakulär in Trance fallen. Diese Helfer wirken hier wie ein chemischer Reaktionsbeschleuniger. Die Zuschauer identifizieren sich mit den gesehenen Reaktionen und fallen dann auf oft ähnliche Weise in Trance wie die Helfer. Manchmal hat der Showhypnotiseur auch keine Helfer im Publikum. Dann pickt er sich schnell die suggestibelsten Zuschauer heraus, die er mit kleinen, versteckten Suggestibilitätstests ausfindig macht, und veranstaltet

mit ihnen seine Show. Hier ist anzumerken, daß der bloße Bühneneffekt bereits einen tranceähnlichen Zustand beim „Mitspieler“ produzieren kann. Der Zuschauer, der plötzlich im Rampenlicht steht und viele andere Zuschauer vor sich hat, fällt oft automatisch in Trance. Es ist ähnlich wie bei den hypnotischen Konfusionstechniken (siehe Z5 Konfusionsmethode). Man befindet sich schlagartig in einer vollkommen neuen Situation und hat kein geeignetes Reaktionsmuster - man gleitet in Trance.

Definition von Hypnose und Trance

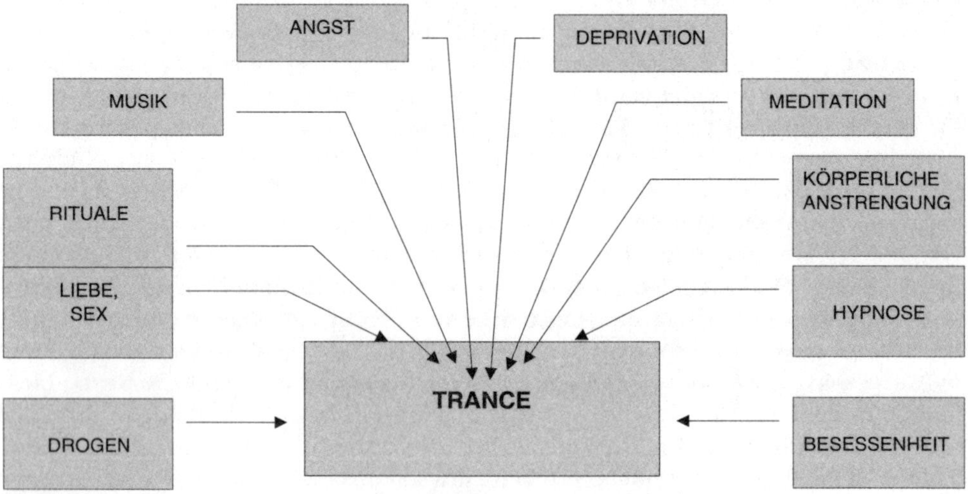

(Quelle: Schütz, Hypnose in der Praxis)

Der Zugang zur Trance ist vielfältig und die Induzierung einer Trance mittels einer Hypnose ist nur ein Weg. Trancezustände entwickeln sich beispielweise bei verschiedenen religiösen Ritualen, beim Meditieren, beim Sex oder auch bei starker körperlicher Anstrengung. Starke Angst kann ebenfalls in einen Trancezustand münden, man spricht in diesem Zusammenhang von einer Problemtrance (auch Dystrance). Wenn Du Angstzustände kennst, in denen Du wie gelähmt warst, warst Du wahrscheinlich in einer Dystrance.

Auch Reizentzug (Deprivation) führt zu Trancezuständen und halluzinatorischem Erleben. Einige Therapeuten arbeiten mit sogenannten Isolationstanks. Das sind tonnenähnliche Räume, die mit körperwarmer Salzlösung gefüllt sind und in die sich der Patient hineinlegt. Dann wird die Tür verschlossen. Es wird stockdunkel und ganz still. Es dauert nicht lange, bis der Patient akustische und optische Halluzinationen entwickelt, die in die weitere therapeutische Arbeit einfließen.

Nach der Bergwerkskatastrophe von Lengede 1963 wurden die geretteten Bergleute befragt, wie sie die 14 Tage in 55 Meter Tiefe im Stockdunkeln erlebten. Die meisten der 11 Geretteten berichteten von Sinnestäuschungen, wie seltsamen Farberlebnissen oder anderen Vorspiegelungen. Drei erlebten echte Halluzinationen, sie konnten das Phantasierte von der Realität nicht mehr unterscheiden, einer sah zum Beispiel grüne Wiesen, auf denen Kühe grasten, fremde Menschen, Apfelbäume, Palmen usw.

* Definition von Hypnose: Ein mittels bestimmter Techniken herbeigeführter Weg in eine Trance, der, durch eine Veränderung des Bewußtseins, in einen schlafähnlichen Zustand führt, in dem die Person für Suggestionen sehr empfänglich ist.

* Definition von Trance: Summe aller Bewußtseinsveränderungen, die zwischen Wachsein und Schlaf angesiedelt sind.

* Definition von Suggestion: Präsentation einer Anregung oder eines Vorschlages (von lat.: suggerere)

Trancephänomene

Im folgenden findest Du eine Zusammenstellung *allgemeiner* Kennzeichen einer Trance:

- ruhige Atmung
- Gefühl der Leichtigkeit oder Schwere
- Schwindelgefühle
- Parästhesie (zum Beispiel Kribbeln von Händen und Füßen)
- unwillkürliches Muskelzucken
- Wärme- oder Kälteempfindung
- Speichelansammlung im Mund
- Passivität
- entspannte Muskulatur
- Bewegungen der Augäpfel (auch bei geschlossenen Lidern sichtbar)
- Konzentration nach innen
- Symmetrie des Gesichtsausdrucks
- Katalepsie
- Empfänglichkeit für Suggestionen
- Dissoziation (Gefühl des Abgespaltenseins)
- Amnesie, Hypermnesie
- Halluzinationen (positiv, negativ)
- Zeitverzerrung
- Somnambulismus
- spontane Altersregression
- spontane Anästhesie
- Sprechfaulheit -hemmung
- Gefühle der „Wurschtigkeit“ für äußere Reize
- Gefühl in einer „sowohl als auch Realität“ zu sein (logische Widersprüche werden ignoriert)

Trancephänomene lassen sich untergliedern in:

- subjektive Faktoren und
- objektive Faktoren

Subjektive Faktoren einer Trance sind beispielsweise:

- Gefühl der Leichtigkeit oder der Schwere: Der Patient erlebt sein Körpergewicht als leichter oder schwerer

- Amnesie: Der Patient hat das Gefühl, daß er alles oder vieles von den Geschehnissen der Trance vergessen hat.

- Hypermnesie: Hier erinnert sich der Patient in Trance an Dinge, die ihm im normalen Bewußtsein verschlossen bleiben.

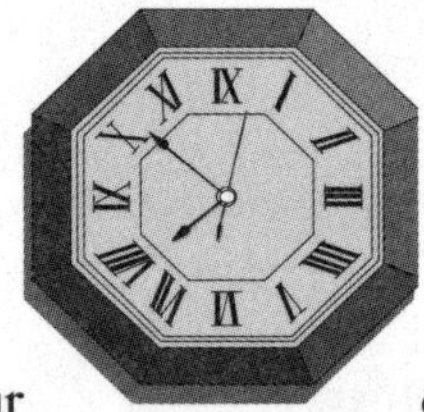

- Zeitverzerrung: Das Gefühl für die Zeit ändert sich in Trance. Manchmal wird die Zeit als länger, meistens jedoch als kürzer empfunden.

- Spontane Regression: In tiefer Trance rutschen manche Patienten in frühere Zustände ihres Lebens. Es ist so, als würden sie Etappen ihrer Kindheit wie real erleben.

- Partielle Schmerzunempfindlichkeit: In tiefer Trance treten manchmal partielle Anästhesien auf - die Hand, die z.B. kribbelt, ist dann vollkommen schmerzunempfindlich, obwohl keine gezielten Suggestionen zur Anästhesie gegeben wurden.

Objektive Faktoren einer Trance sind beispielsweise:

- Ideomotorische Bewegungen: Manchmal lassen sich beim Patienten in tiefer Trance spontane Körperbewegungen beobachten, wie zum Beispiel in die Luft steigende Arme oder Beine, oder der ganze Körper bewegt sich wie von selbst. Dieses Phänomen nennt man Ideomotorik.

- Entspannte Muskulatur: Meist ist die Muskulatur eines Menschen in Trance sehr entspannt. Ältere Menschen sehen dann viel jünger aus.

- Tiefere Atmung: Die Atmung eines sich in Trance befindlichen Menschen geht „nach unten“. Er atmet dann mit dem Bauch, also tiefer und langsamer.

- Plötzliches Zucken des Körpers: Gerade dann, wenn eine Trance beginnt sich tiefer zu entwickeln, fängt der Körper des Hypnotisierten manchmal an zu zucken. Du kennst dieses Phänomen kurz vor dem Einschlafen. Es ist so, als würdest Du einen kleinen elektrischen Schlag fühlen - anschließend schläfst Du ein.

- Fehlender Schluckreflex: In ganz tiefer Trance setzt manchmal der Schluckreflex aus.

Klassische Induktionen

Die Fixationstechnik:
Die klassischen Induktionsformen bedienen sich hauptsächlich formaler Vorgehensweisen. Der Patient wird mit bestimmten Sätzen, die sich oft wiederholen, in Trance geführt. Er wird dabei angeleitet, ganz bestimmte Dinge aus seiner Umgebung wahrzunehmen - durch „Reizmonotonisierung" wird der Patient in Trance geführt.
Betrachten wir das Beispiel einer klassischen Fixationsmethode:
Der Patient wird gebeten in ruhigem Zustand einen Punkt (z.B. an der Wand) anzuschauen. Die Folge: Die Augen ermüden, fangen an zu brennen und zu flattern. Diese Reaktionen werden dann bereits als erste Zeichen einer beginnenden Trance gedeutet, so daß der Patient, wenn er diese Deutung annimmt, weiter in Trance fallen kann. Es kann dann ein Augenschluß ganz direkt suggeriert und dem Patienten gesagt werden, daß er dann noch tiefer in Trance geraten wird (auch das ist eine Suggestion). Viele Patienten, gerade im zahnärztlichen Bereich, nehmen solche Suggestionen gerne an und sind mit dieser Methode auch gut erreichbar. Der Hypnotiseur muß selbstverständlich seine Suggestionen kongruent (das heißt, seine verbalen und nonverbalen Botschaften passen zusammen) präsentieren und muß sicher auftreten.

☝Übung: Fixation

Drei Personen: A = Hypnotiseur, B = Versuchsperson, C = Beobachter
A versetzt B mit der Fixationsmethode in Trance. C beobachtet auf welche Weise B den Suggestionen von A folgt (oder auch nicht).

☝Übung: Ideomotorik

Drei Personen: A = Hypnotiseur, B = Versuchsperson, C = Beobachter
A versetzt B in Trance. A präsentiert eine Suggestion, die eine ideomotorische Bewegung zur Folge haben kann (z.B..“Je tiefer sich die Trance entwickelt, desto höher steigt Dein rechter Arm ...“). C beobachtet. A berichtet nach der Trance über seine Empfindungen.

☝Übung: Zeitverzerrung

Drei Personen: A = Hypnotiseur, B = Versuchsperson, C = Beobachter
A setze B in Trance und suggeriert, daß die Zeit entweder ganz langsam oder ganz schnell vergeht. C beobachtet und B berichtet nach der Trance, welches Zeitempfinden er hat.

Sinnesmodalitäten (VAKOG-Modell)

Jeder Mensch ist anders - das ist eine Binsenweisheit. Aber wußtest Du auch, daß jeder Mensch anders wahrnimmt? Nicht nur die Inhalte der Wahrnehmung, also das *was* wir wahrnehmen, unterscheiden sich von Mensch zu Mensch. Wir neigen auch dazu, ein bestimmtes *Sinnessystem* zu bevorzugen oder zu vernachlässigen. Die Sinnessysteme, das sind unsere fünf Sinne: Sehen, Hören, Fühlen, Riechen, Schmecken. Natürlich haben alle Menschen, sofern sie nicht durch eine Krankheit, einen Geburtsfehler oder durch einen Unfall behindert sind, also zum Beispiel blind oder taub, alle fünf Sinne zur Verfügung. Sicherlich kennst Du aber auch Menschen, die zum Beispiel ausgesprochene „Augentiere" sind, die sich also zum Beispiel besonders gerne Filme, Bilder, Ausstellungen anschauen, die als Hobby vielleicht malen oder fotografieren, oder die dazu neigen, andere Menschen stark nach ihrem Aussehen zu bewerten, die aber vielleicht nicht im gleichen Maße Bezug zu Musik oder zu gutem Essen haben. Bei diesen Menschen überwiegt das optische System, das *Sehen*, und die anderen Systeme sind ihm gegenüber weniger betont. Andere Menschen haben vielleicht eine unübersehbare Sammlung von CD's und Schallplatten, sowie eine Stereoanlage, für die sie mehrere Monatseinkommen klaglos hingeblättert haben, sie sitzen grundsätzlich mit einem Walkman in der U-Bahn und lieben es, zu Konzerten und Musikveranstaltungen zu gehen, aber wenn ihre Freundin ein neues Kleid an hat, fällt ihnen das erst auf, wenn man sie darauf aufmerksam macht. Sie haben „keine Augen" für ein geschicktes Blumenarrangement, und die farbliche Zusammenstellung ihrer Kleidung erinnert an einen Flikkenteppich. Bei diesen Menschen steht das *Hören*, das akustische System, im Vordergrund, und das Sehen tritt dahinter zurück. Ebenso gibt es Menschen, die fast alles für eine schöne Massage tun würden, die stundenlang kuscheln oder in der Badewanne liegen können und dazu neigen, ständig jeden Menschen zu umarmen, von dem sie nur den Vornamen kennen, die aber nicht in der Lage wären, die ersten fünf Töne von Beethovens „Neunter" zu pfeifen oder sich einen gelbgrün gepunkteten Elefanten vorzustellen. Bei diesen Menschen steht die *Körperwahrnehmung* im Vordergrund, das Sehen und das Hören ist für sie nicht in gleichem Maße bedeutungsvoll. Die anderen Sinnessysteme wie Riechen, Schmecken, der Gleichgewichts- und Temperatursinn, können ebenfalls betont sein. So gibt es „Nasentiere", die sich ohne weiteres in jemanden verlieben können, nur weil er oder sie gut riecht. Oder es gibt Feinschmecker, für die nicht nur die Liebe, sondern das halbe Leben „durch den Magen" geht.

Die Wahrnehmung bestimmt sehr stark unser Denken, Fühlen und Handeln. „Visuelle" Menschen zum Beispiel *denken* und *fühlen* überwiegend im visuellen Kanal. Wenn ein visueller Mensch sich zum Beispiel an ein angenehmes Ereignis erinnert, dann *sieht* er es in Form von inneren Bildern oder Filmen. Wenn er eine Entscheidung fällen muß, dann hantiert er innerlich (meist bloß halb bewußt) mit optischen Phantasien. „Akustiker" dagegen hören einen inneren Dialog oder sprechen innerlich, in ihren Gedanken, vor sich hin („innerer Monolog"). „Kinästhetiker" wiederum gehen vor allem nach ihren *Gefühlen*. Sie erinnern sich vor allem daran, wie sich etwas angefühlt hat („... das gab mir einen Stich im Bauch ...")
Für einen visuellen Menschen ist es nämlich viel leichter, sich eine Trance-Anleitung optisch, bildlich vorzustellen (zu „visualisieren"), und dadurch in Trance zu gehen. Einem Akustiker dagegen wird das Visualisieren schwerer fallen. Er wird leichter in Trance gehen können, indem er innerlich zu sich selbst spricht bzw. zu sich selbst gesprochene suggestive Anleitungen gibt. Einem Kinästhetiker wiederum wird es am leichtesten fallen, sich auf seine Körperwahrnehmungen zu konzentrieren und durch Entspannungs- und Körperübungen in Trance zu gehen.

☝ Übung: Welcher Sinnestyp bin ich?

Drei Personen: A = Erzähler, B = Zuhörer, C = Schreiber
A erzählt dem B ein schönes Urlaubserlebnis. C hört genau zu und macht in der anschließenden Liste immer dann einen Strich unter der Rubrik visuell, akustisch oder kinästhetisch, wenn A entsprechende Worte oder Umschreibungen von sich gibt. Ziel herbei: A wird nach wenigen Minuten erfahren, zu welcher Art von Sinnestyp er gehört.

visuell	akustisch	kinästhetisch

☛ Wichtig: Deine Helferinnen[1] Können Dich bei der Erforschung der Sinnestypendominanz Deiner Patienten unterstützen.

Ericksonsche Tranceinduktionen

Widerstand:
Der Zugang zum Unbewußten des Patienten kann zunächst *verstellt*, sein, weil der Patient noch zu viel Angst hat, oder noch zu kontrolliert ist. In solchen Fällen kann indirekte Arbeit „um den Widerstand herum" sanfter, aber nicht weniger effektiv sein, als unbedingt „durch den Widerstand hindurch" gehen zu wollen. Oft ist eine *indirekte* Kommunikation durch Metaphern, Implikationen oder Analogien effektiver, vor allem wenn ein direktes Ansprechen den Patienten überfordern oder den Widerstand bloß verstärken würde.

Geschmeidigkeit:
Manchmal ist sozusagen der direkteste Zugang zum Unbewußten eine *Kurve*, und ein scheinbarer Umweg führt am unmittelbarsten zum Ziel. Therapeut und Klient können kommunizieren wie zwei Frisbee-Spieler, die ihre Scheibe in einem Bogen um einen Baum herum werfen, der in der Mitte zwischen ihnen steht. Dies kann viel eleganter sein, als den Baum gleich absägen zu wollen.
In der klassischen Hypnose dagegen arbeitet man überwiegend mit direktiven Suggestionen und immer gleich wiederkehrenden Standardformulierungen wie:
„Sieh' genau den Punkt an", „Deine Augen werden schwer", „Du wirst ganz ruhig", „Deine Arme werden schwer".

[1] Zur Zeit (Stand November 1997) finden in Berlin und Dresden Curricula für Helferinnen statt, in denen sie mit den Grundfähigkeiten der Hypnoseassistenz vertraut gemacht werden.

In gewissem Umfang funktioniert diese Methode bei bestimmten Menschen gut, aber sie ist begrenzt. Mit ihr kann nicht jeder in eine tiefe Trance geführt werden. Manche Menschen werden sich aber dagegen wehren, weil sie sich manipuliert, gegängelt, gedrängt oder überfordert fühlen.

Effektiver sind oft die indirekten Methoden. Wenn beispielsweise Schwere und Entspannung suggeriert werden sollen, kann eine Geschichte erzählt werden, in der „schwere" Gegenstände vorkommen und dabei das Wort „schwer" jedesmal besonders betont wird. Oder es können - noch indirekter - lauter Vorgänge erwähnt werden, die sich „unten" (zum Beispiel auf dem Fußboden) abspielen, und auf diese Weise die Aufmerksamkeit des Klienten auf subtile Weise zunächst nach unten lenken und damit eine Schwereempfindung vorbereiten.
Milton Erickson revolutionierte mit dem Gedanken der Indirektheit die Ausübung der Hypnose. Indirekte Suggestionen sind sehr wirkungsvoll und dabei sehr sanft und respektvoll dem Selbstschutz des Patienten gegenüber. Wenn der Therapeut eine Serie von Feststellungen macht, von denen jede einzelne offensichtlich wahr und relativ belanglos ist, warum sollte der Patient den Suggestionen nicht folgen?

„Du kannst das Geräusch der Autos draußen hören ... (stimmt) Du kannst das Streiten der Kinder im Hof hören ... (ja) da ist das leise Rauschen der Heizung ... (klar) und meine Worte ... (sicher) kannst fühlen, wie Du sitzt ... (kann ich) deinen Atem wahrnehmen ... (auch das) wie sich Dein Körper anfühlt, innen ... (...)"

Durch Sätze dieser Art wird sich niemand manipuliert oder gedrängt fühlen. Sie sind *offensichtlich wahr*, fast banal und benennen lediglich das, was der Patient tatsächlich wahrnimmt (Pacing[2]). Der Patient kann dem einfach zuhören, während seine Aufmerksamkeit indirekt, behutsam und unmerklich von außen nach innen geleitet wird. Der Hypnotherapeut hätte auch direktiv, wie in der klassischen Hypnose, sagen können: „Deine Aufmerksamkeit geht nach innen. Das Äußere wird mehr und mehr gleichgültig", aber das erfordert vom Patienten ein viel größeres Maß an Kooperations- und Hingabefähigkeit. Oder der Therapeut erzählt beiläufig eine Reihe von Begebenheiten, die gemeinsam haben, daß jemand sich seiner Körperempfindungen gewahr wird. Der Patient wird dadurch behutsam an seine Körpergefühle herangeführt, ohne seine Abwehr herauszufordern.

Die Ericksonsche *indirekte* Form der Hypnose ist elegant, weil sie den Therapieprozeß begleitet und leitet, ohne die Integrität des Patienten zu verletzen, oder seine Kontrollfähigkeit in Frage zu stellen. Indirekte Induktionsmethoden dieser Art haben Milton Erickson und seine Schüler zuhauf entwickelt.
Eine indirekte Suggestion ist immer ein Stück unter-determiniert, sie läßt dem Klienten einen Freiraum, um die Suggestion selbst mit seinen eigenen Phantasien auszufüllen. So kann der Widerstand des Patienten *aufgenommen* und *entladen* bzw. unterlaufen werden. Er kann sogar *im Dienste* der Induktion *eingesetzt* werden, indem der Hypnotherapeut die Abwehrmuster des Klienten in seine Suggestionen einbaut. Gleichzeitig stimulieren indirekte Suggestionen autonome Suchprozesse im Unbewußten des Patienten. Sie fördern die autonome Aktivität des Unbewußten, die suggestiv stimuliert wird.

[2] Begriff aus dem Neurolinguistischem Programmieren. Bedeutet so viel wie begleiten oder spiegeln (engl.: to pace = im gleichen Schritt sein)

Statt einer Einschränkung der Wahlfreiheit des Bewußtseins (wie bei vielen traditionellen Hypnose-Techniken) ist das Ziel des Ericksonschen Ansatzes eine *Erweiterung* des psychischen Aktivitätsspektrums.

> ☝Übung: Indirekte Suggestionen
>
> Drei Personen: A = Hypnotiseur, B = Versuchsperson, C = Beobachter
> A versucht B mittels indirekten Suggestionen in Trance zu führen. A erzeugt bei B eine Ja-Haltung, um ihn dadurch behutsam noch tiefer in Trance zu führen, C beobachtet genau.

Selbsthypnose

Das Einüben von Selbsthypnosetechniken kann den Vorgang einer zahnärztlichen Hypnose in der Praxis sehr beschleunigen. Dem Patienten kann die Selbsthypnose auf folgenden Wegen vermittelt werden:

- Ihm wird z.B. von Zahnarzt oder seiner Helferin die Technik der Selbsthypnose so erklärt, daß er zu Hause üben kann.
- Ihm wir zusätzlich Literatur empfohlen.
- Er kann spezielle CD´s zu Hause (oder auch während der Behandlung) hören, die ihm die zahnärztliche Behandlung erleichtern können.
- Selbst bespochene individuell hergestellte Tonbandkassetten.

Der kontrollierte Patient kann mittels dieser Übungen lernen, wie er sich Stück für Stück auf interne Wahrnehmung fokussieren kann, um dadurch noch tiefere Trancezustände zu erleben. Denn:

> ☛ Angst ist Gift für das Erleben von Trance!

Stellst Du fest, daß Deine hypnotische Arbeit manchmal nicht so funktioniert, wie Du Dir das wünschst, so liegt das sehr oft daran, daß der Patient seine Außenkontrolle nicht abgeben kann. Er vergleicht sein Erleben mit seinen Erwartungen, die er von einer Trance hat.

Wenn Du selber ein wenig mit Selbsthypnose experimentieren willst, so kannst Du folgende Übung entweder alleine für Dich oder zusammen mit einem/r Kollegen/Kollegin machen: Wenn Du Die Übung mit einem Kollegen oder einer Kollegin machst, so lasse Dir den Text ganz langsam vorlesen und folge seinem Inhalt:
Mache nun eine neue Erfahrung und gönne Dir einmal einen leeren Kopf!

Die fliegenden Kontrollgedanken

Sorge für eine ruhige und entspannte Atmosphäre. Achte darauf, daß Du in den nächsten 35 Minuten nicht gestört wirst. Setze Dich entspannt auf einen bequemen Stuhl oder lege Dich auf eine bequeme Unterlage. Wenn Du Dich hinlegen solltest, so achte bitte darauf, daß Dein Kopf nicht flach auf dem Boden liegt, sondern hebe ihn ein wenig an, lege ihn z.B. auf ein Kopfkissen. Nimm, wenn nötig, eine Decke, um die richtige Temperatur zu halten und schließe die Augen. Atme bewußt nun ganz langsam durch die Nase ein und durch den Mund aus. Verfolge mit Deiner Aufmerksamkeit Deinen Atemstrom. Atme runter, bis in den Bauch hinein, so daß bei jedem Einatmen sich die Bauchdecke spürbar hebt. Mache diese Atemübung zur Einstimmung etwa drei bis fünf Minuten. Wenn Du feststellst, daß Deine Aufmerksamkeit wegdriftet und andere, fremde Gedanken sich einmischen, so gehe einfach mit Deiner Aufmerksamkeit wieder zu Deinem Atem zurück. Du wirst schnell entspannter werden, eine tiefe Bauchatmung fördert die parasympathischen Körperfunktionen, die für Entspannung verantwortlich sind. Stelle Dir nun, ganz bewußt, Deine Gedanken vor, die Du gerade in Deinem Kopf hast. Vielleicht wirst Du jetzt einwenden, wie Du das denn machen sollst, sich Deine eigenen Gedanken vorzustellen. Versuche einfach mit Hilfe Deiner Phantasie herauszubekommen, aus welcher Richtung Deine Gedanken kommen. Kommen sie vielleicht von rechts? Oder kommen sie von links? Oder kommen sie aus der Mitte Deines Kopfes, oder aus dem Augenhintergrund oder aus einer ganz anderen Richtung? Stelle Dir diese Fragen vorurteilslos und lasse Dich von der Antwort überraschen. Vielleicht stellst Du ja fest: Ja, dieser Gedanke gerade eben, der kam genau aus der Mitte meines Kopfes. Prima. Dann versuche den Gedanken zu sehen, z.B. als Farbe oder als Form oder als Person oder als etwas ganz anders. Stelle Dir dann vor, daß dieser phantastische Eindruck <u>Flügel</u> bekommt. Lasse ihn los, lasse ihn einfach wegfliegen, einfach nach oben flattern lassen, immer weiter weg, bis er nicht mehr zu sehen ist. Du wirst feststellen, daß andere Gedanken auftauchen, wie aus einem Nebel und plötzlich vor Deiner Aufmerksamkeit herumtanzen. Verfahre mit diesen Gedanken genau so, wie mit dem ersten Gedanken, bestimme also die Gedankenrichtung und lasse dem Gedanken Flügel wachsen und ihn wegflattern. Lasse a<u>llen</u> Gedanken Flügel wachsen und sie wegfliegen.

<Pause>

Vielleicht stellst Du fest, daß andere Gedanken Dich ablenken wollen - und plötzlich bist Du irgendwo anders. Prima, wenn Du das merkst, so kannst Du auch diese Gedanken auf die eben beschriebene Weise wegfliegen lassen. Mit jedem Gedanken, der Deinen Kopf verläßt, wird Dein Kopf ein wenig leichter. Spüre bitte ganz bewußt die eintretende Leichtigkeit.

<Pause>

Es ist wahrscheinlich, daß Du auch geheime Gedanken hast, die Du niemandem mitteilen willst. Warum auch, es ist ja keineswegs nötig, alles über sich preisgeben zu müssen. Vielleicht sind Dir diese Gedanken ja bewußt, dann verleihe ihnen ebenfalls Flügel und lasse sie wegfliegen. Öffne alle inneren Tore und Türen Deines Kopfes und lasse die Gedanken einfach alle heraus. Entleere Dein Gehirn!!! Vergiß dabei nicht, noch langsamer und tiefer mit der Nase ein- und dem Mund auszuatmen.

<Pause>

Gehörst Du zu den Menschen, die Geheimnisse vor sich selber haben, so stelle Dir eine fest verschlossene Türe vor, vielleicht so eine Türe wie im Märchen vom Ritter Blaubart, die bei schwerster Strafe nicht geöffnet werden durfte. Du kannst Dir auch eine Panzerschranktür in Fort Knox oder einen zugemauerten Zugang zu einem alten Bergwerk vorstellen. Du brauchst auf keinen Fall diese Türe zu öffnen oder öffnen lassen (wenn Du allerdings neugierig bist, was dahinter sein könnte, so tue Dir keinen Zwang an). Stelle Dir einfach vor, daß das, was hinter dieser Türe schlummert, nagt oder drückt, in Form von einem ganz feinen Nebel hochsteigt, durch Ritzen, Schlitze oder kleine Löcher, sich Bahn bricht, in den Himmel hochsteigt und sich immer weiter auflöst, bis es nicht mehr zu sehen ist. Du bist also nicht gezwungen, Dich mit diesen Anteilen befassen zu müssen, sondern Du läßt einfach alles, sozusagen verwandelt oder verfremdet, verdampfen und entweichen. Versuche also auf diese Weise Deinen Kopf vollkommen frei zu bekommen, indem Du alles eher spielerisch herausläßt.

<Pause>

Es kann sein, daß Du mit sogenannten Metagedanken konfrontiert wirst, die diese Form der Hypnose in Frage stellen. Es sind Gedanken wie: Geht das denn überhaupt? Das kann doch nicht sein! usw. Das sind Gedanken, die aus dem bewußten Verstand entschlüpfen und versuchen, alles berechenbar und kontrolliert zu halten. Weil eben diese Gedanken vermutlich ganz vertraut sind, ist es auch nicht besonders schwer, sich einfach vorzustellen, daß sie immer leichter werden und schließlich ebenfalls beginnen, einfach davonzufliegen. Das sind also nun die *fliegenden Kontrollgedanken*.

(aus: Schütz, Hypnose in der Praxis)

Anamnese

Bei der Anamnese Deines Hypnosepatienten solltest Du einige Dinge beachten, die Du im folgenden Musterfragebogen findest. Du mußt nicht gleich (als frischgebackener Anfänger) ein Honorar für Deine Bemühungen verlangen, wenn Du es aber tust, so kläre den Patienten vorher unbedingt über die Honorarhöhe auf.
Zur Anamnese gehört auch das Feststellen der Sinnesdominanz Deines Patienten (siehe

VAKOG Modell) und ob er schon andere Hypnoseerfahrungen hatte. Ebenso seine Hobbies, persönlichen Ängste, sein Lieblingsurlaubsort, seine Vorlieben und Abneigungen.

Musterfragebögen für Patienten, die sich für Hypnose in der Zahnärztlichen Praxis interessieren (die Fragebögen sind beliebig erweiterbar, je nachdem, was für Dich noch wichtig ist):

1.

Briefkopf Deiner Praxis

Einverständniserklärung Honorarvereinbarung Hypnosetherapie
(Bitte in Druckschrift ausfüllen)

Name:..
Vorname:...
Straße:..
Ort:...

Die Kosten für eine Hypnosesitzung betragen für die 1. Sitzung (Anamnese, Vorbereitung und erste Hypnose) 300.- DM und für jede weitere Sitzung pro Stunde (45 Minuten) 150.- DM. Ich bin darüber informiert worden, daß eine Übernahme der Kosten durch Erstattungsstellen nur in Ausnahmefällen gewährleistet ist.

Unterschrift: .... Datum: ....

2.

Briefkopf Deiner Praxis

Einverständniserklärung Videodokumentation
(Bitte in Druckschrift ausfüllen)

Name:..
Vorname:...
Straße:..
Ort:...

Mit einer Videoaufnahme meiner Behandlung erkläre ich mich grundsätzlich einverstanden. Ferner erkläre ich mich damit einverstanden, daß diese Aufzeichnungen eventuell zur Patientenaufklärung oder als Fortbildungsmaterial verwendet werden:

☐ ja ☐ nein

Datum:................................ Unterschrift:..

3.

Briefkopf Deiner Praxis

Fragebogen Anamnese
(Bitte in Druckschrift ausfüllen)

Name:..
Vorname:..
Straße:..
Ort:..

Falls Sie sich für eine Behandlung unter Hypnose entschieden haben, so bitten wir Sie, folgende Fragen zu beantworten:

1. Ihr Alter:.....................

2. Nehmen Sie gegenwärtig Medikamente?
   ☐ ja ☐ nein
   wenn ja, bitte das Medikament angeben:..
   ....

3. Haben Sie Erfahrung mit Entspannungstechniken oder Hypnose?
   ☐ ja ☐ nein
   wenn ja:
   ☐ autogenem Training
   ☐ Yoga
   ☐ andere Verfahren
   (bitte angeben: ....)

4. Glauben Sie, daß Hypnose bei Ihnen eher:
   ☐ schnell
   ☐ durchschnittlich oder
   ☐ langsam anspricht?

5. Sind Sie z.Zt., oder waren Sie schon früher in psychotherapeutischer Behandlung?
   ☐ ja ☐ nein
   wenn ja, bei wem?...

6. Was erwarten Sie von einer hypnotischen Behandlung?
   ☐ Behandlung wie im Schlaf
   ☐ Behandlung ohne Angst
   ☐ Behandlung ohne Spritze (wegen Unverträglichkeit, Spritzenphobie)
   ☐ kein Würgereiz mehr
   ☐ einfach eine neue Erfahrung zu machen
   ☐ andere Gründe:..

Vielen Dank für die Beantwortung der Fragen! Bitte schicken Sie uns den ausgefüllten Fragebogen zurück und vereinbaren Sie telefonisch einen Termin.

☛ Wichtig: Das Honorarvereinbarungsformular und die Videoeinverständniserklärung getrennt unterzeichnen lassen!

Behandlungsverlauf festhalten

Du hast die Möglichkeit, die wichtigsten Punkte einer hypnotischen Behandlung schriftlich festzuhalten, um bei der nächsten Hypnosesitzung zu wissen, auf was es ankommt. Das kann vor allem dann wichtig sein, wenn Du gezielt mit posthypnotischen Suggestionen arbeitest, die vom Unbewußten Deines Patienten oft buchstäblich aufgefaßt werden. Anhand des folgenden Kurzrasters kannst Du Dich orientieren, was wichtig für Dich sein könnte:

Ziel der Trance:

____

Dauer der Trance:

____

Inhalt der Trance:

____

- Leerhypnose:

____

- spezifische Suggestionen:

____

wichtige Ankerworte:

Lieblingsort:

____

posthypnotische Suggestion
(wörtlich notieren):

____

besondere Vorkommnisse:

____

mögliche Verbesserungen
in der nächsten Sitzung:

____

Motivation des Behandlers:

____

Informationen nach der Dehypnose:

____

Integration in den Praxisablauf

Wenn Du Deine hypnotischen Tätigkeiten professionell in Deinen Praxisablauf integrieren willst, so ist es notwendig dafür zu sorgen, daß alle Mitabeiterinnen und

Mitarbeiter Deines Praxisteams voll hinter Deiner Hypnosearbeit stehen. Ansonsten besteht die Gefahr, daß der interessierte Patient möglicherweise inkongruente Botschaften von verschiedenen Mitarbeitern erhält, was zur Verunsicherung beitragen kann. Also:

☛ Alle Mitarbeiter Deines Praxisteams sollten hinter dem Hypnoseangebot in der Zahnarztpraxis stehen

Es ist für Dich als angehende/n Hypnosezahnarzt/-ärztin wichtig, auch Helferinnen um Dich zu haben, die mit hypnotischen Phänomenen umzugehen wissen, die richtig auf die vielen Fragen der Patienten antworten können, die der interessierte Patient im allgemeinen stellt. Deine Helferin am Telefon ist Deine akustische Visitenkarte Deiner Praxis! Hier gilt: Der erste Eindruck ist der wichtigste. Will der neugierige Patient bereits am Telefon erste Infos über Hypnose in Deiner Praxis, und macht die Helferin dabei einen verunsicherten Eindruck, so kann diese erste Kontaktaufnahme bereits die kommende hypnotische Behandlung negativ beeinflussen.

☛ Die Mitarbeiterinnen und Mitarbeiter sollten intern über die hypnotische Arbeit umfassend aufgeklärt werden

Die DGZH e.V. bietet spezielle Ausbildungsblöcke und Curricula für Helferinnen in einer Hypnosepraxis an. Schaut in die Rundbriefe, fragt in der Regionalstelle oder -gruppe oder wendet Euch direkt an Eure Referenten.

☛ Gezielte Fortbildung der Helferinnen als Assistentin bei der Hypnose

Ist Dein Praxisteam noch nicht mit dem Ablauf einer formalen Hypnose vertraut, so sorge dafür, daß die Rahmenbedingungen Deiner Arbeit klipp und klar abgesprochen werden. Das heißt:

Keine Störungen während Deiner Hypnose

Handzeichen vereinbaren, um zu kommunizieren (mit der Helferin)

Hypnose am Ende Deiner Arbeitsschicht machen (wegen der Zeit)

Helferin aufklären über eine Hypnosebehandlung - auf Unterschiede hinweisen: sanftes Sprechen, sanfte Berührungen, seltsame Musik, unlogischer Sprechinhalt.

☛ Absprechen der Rahmenbedingungen für eine hypnotische Arbeit

Wenn Du erste Erfahrungen in Deiner Praxis mit Hypnose sammelst, kann es passieren, daß anwesende Helferinnen oder andere Menschen auch in einen ungewollten hypnotischen Zustand geraten - in eine Streuhypnose gleiten. Dann mußt Du darauf achten, daß diese Menschen sich wieder vollkommen reorientieren können.

☛ Streuhypnosen berücksichtigen

Einsatzbereiche der Assistentin in der zahnmedizinischen Hypnose:

A: Vorbereitende Maßnahmen vor der Hypnosebehandlung:

- Aufklärungsgespräch über Behandlungsverlauf und Hypnose (Zeitbedarf durchschnittlich über eine Stunde)
- Vorbereitende Hypnosesitzung mit Anamnese, Suggestibilitätstest zum Angstabbau gegenüber Hypnose und Zahnbehandlung
- Anleitung zur Selbsthypnose für häusliche Übungen
- Anleitung zur Entspannung in Streßsituationen
- Anleitung zur Entwicklung einer Analgesie

B: Begleitung und Überwachung der Hypnose während einer Hypnosebehandlung, damit der Zahnarzt sich auf seine zahnärztliche Arbeit konzentrieren kann.

C: Schaffen einer ruhigen und entspannten Praxisatmosphäre, Streßabbau für das Praxisteam

Diese Tätigkeit einer speziell ausgebildeten Fachkraft in der Zahnarztpraxis ist vergleichbar mit der Geburtsvorbereitung durch Hebammen, der Betreuung von Patienten vor Operationen durch Anästhesiepfleger, oder der Begleitung und Überwachung von Patienten während der Dialyse.

Dokumentation

Videodokumentation

Es ist im Setting der Zahnärztlichen Hypnose sinnvoll, die hypnotische Behandlung, zumindest in der Ausbildungsphase mit einer Videokamera zu dokumentieren. Hierzu genügt eine einfache Kamera.
Wenn Du professionell mit Hypnose in Deiner Praxis arbeiten willst, so kannst Du Dir eine Videokamera im Behandlungsraum fest installieren. Sie wird dann für Deine Patienten so vertraut werden, daß sie sie zum normalen Inventar Deiner Praxis zählen und sie schließlich gar nicht mehr auffällt.
Die Dokumentation einer Hypnosebehandlung mit einer Videokamera bietet Dir ein optimales Bild Deiner Arbeit und eine lückenlose Betrachtung.
Wir empfehlen, jede Hypnose auf Video zu dokumentieren:

1. für die Supervision
2. Zur Dokumentation der gesamten Hypnosebehandlung, da während der Hypnose Amnesien auftreten können
3. Aus forensischen Gründen
4. Videobänder sollen drei Jahre aufbewahrt werden, auf jeden Fall aber bis zur Beendigung der Behandlung

☛ Nicht vergessen: Einverständniserklärung für die Videoaufzeichnung vom Patienten geben lassen!

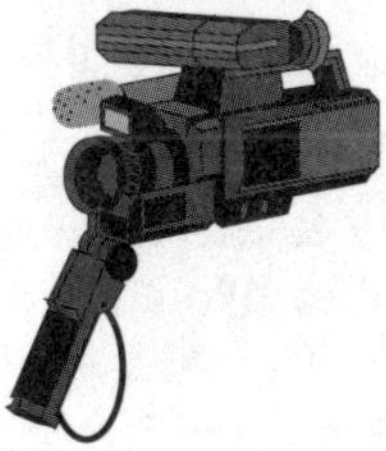

Supervision

Die regelmäßige Supervision Deiner hypnotischen Arbeit hilft Dir, Deine Fähigkeiten auszubauen, um noch angenehmer und eleganter Hypnose anzuwenden.
Nimm regelmäßig die Supervisionsangebote wahr, um dem Phänomen der Betriebsblindheit vorzubeugen. Außerdem wirst Du die Erfahrung machen, daß während (und nach) einer Supervision der Spaß an der Hypnosearbeit noch zunimmt.

☞ Supervision ist die beste Unterstützung für Deine Hypnosearbeit!

Suche Dir in Deinem Kreis oder Deiner Stadt verschiedene Supervisoren (anerkannte Supervisoren der DGZH) und lerne von deren unterschiedlichen Herangehensweisen. Nimm die regelmäßigen Termine der Regionalgruppentreffen wahr und tausche Dich mit Deinen Kolleginnen oder Kollegen über die schwierigen Arbeitsabläufe aus. Nutze die Fortbildungskurse der DGZH (sogenannte F- oder auch C-Kurse).

Für ganz Motivierte: Bilde eine eigene Regionalgruppe und bespreche dort Probleme, die mit der Arbeit zu tun haben, schaue Hypnosefilme an (es gibt mittlerweile eine Vielzahl der verschiedensten Filme) und experimentiere mit Hypnose und Selbsthypnose. Die DGZH unterstützt die Regionalgruppenarbeit.

☛ Übe Dich in der Selbstsupervision mit dem Team!

Auswahl geeigneter Versuchspersonen

Anfangs solltest Du mit psychisch gesunden und stabilen Versuchspersonen arbeiten, da Du den Umgang mit emotionalen Reaktionen erst im Laufe Deiner Ausbildung erlernen wirst. Wenn Du sanft und einfühlsam mit Deiner Versuchsperson arbeitest, wird sie nur so weit in Trance gehen, wie es ihrer momentanen psychischen Situation entspricht. Versuche nicht, jemanden tiefer in Trance zu führen, als er freiwillig zulassen kann. Das Unbewußte ist eine beschützende Instanz, die in der jeweiligen Situation unter den spezifischen Rahmenbedingungen soviel an Hypnoseerleben zulassen wird, wie es von beiden, Hypnotiseur und Hypnotisand, angenommen werden kann. Wenn Du mit der Hypnose und Deiner Versuchsperson respektvoll umgehst, Deine Versuchsperson sorgfältig beobachtest und einen Rahmen schaffst, in dem sich die eigene Trance entwikkeln kann, dann wird es für Euch beide ein angenehmes Erlebnis sein.

Beachte:

☞ Die Induktion einer Trance kann einen Menschen, der seine Probleme sorgfältig versteckt hat, so weit öffnen, daß seine Probleme plötzlich an die Oberfläche kommen. Deshalb gestalte die Trance positiv und hole Dir bei Zweifeln sofort Feedback.

Die besten Versuchspersonen sind die, die neugierig und interessiert und dem Phänomen der Trance gegenüber aufgeschlossen sind. Hier wirst Du auch Deine größten Erfolge erleben.

Konsequenzen für die persönliche Entwicklung

Die meisten Kollegen, die die Ausbildung der DGZH durchlaufen haben, bestätigen, daß sich durch diese Ausbildung ihre persönliche und berufliche Situation verändert hat. Dadurch, daß Du oft mit dem Phänomen der Trance in Berührung kommen wirst, werden sich Deine unbewußten Kräfte entfalten.
Die Seminare der DGZH sind meistens mit zwei Referenten besetzt, die hilfreich zur Seite stehen, wenn Du Fragen haben solltest, und Fragen gibt es viele. Manchmal spürt ein Teilnehmer, daß er noch mehr über sein Innenleben erfahren will. Traue Dich, Deine Ausbilder um Rat zu fragen.

Es hat sich als günstig erwiesen, mit Teilnehmern zu üben, die Dir nicht so gut bekannt sind - unter Paaren oder Freunden laufen oft irgendwelche Spielchen ab, die verhindern, wirklich schnelle Erfahrungen zu sammeln und die den eigentlichen Übungsinhalt behindern. Wenn Du Routine hast, wird es sehr schön sein, Deinem Partner mit Hypnose zu helfen.

Z2: Grundlagen der Zahnärztlichen Hypnose

Geschichte der Hypnose

Die Kunst, Trancezustände durch hypnotische Induktionen herbeizuführen und zu nutzen, ist uralt. Trance und Hypnose finden sich in den Übungen der indischen Yogis, in den Künsten der Fakire und in den Tempelschlaf-Kulten der alten Griechen. Techniken wie Augenfixation und Handauflegen in Kombination mit verbalen Suggestionen wurden von den keltischen Druiden ebenso verwandt, wie von Jesus und seinen Jüngern. Die römischen Kaiser Claudius und Vespasian sollen manches Leid ihrer Untertanen mit bloßem Handauflegen geheilt haben.

Erstmals umfangreich dokumentiert und in großem Stil angewandt wurde Hypnose vor ca. 200 Jahren von dem Arzt Franz Anton Mesmer (1734-1815).
Ende des 18. Jahrhunderts beschrieb Franz Anton Mesmer hypnotische Phänomene als Auswirkungen eines innerhalb und außerhalb des Körpers befindlichen physikalischen „Fluidums", das er „animalischer Magnetismus" nannte. Er glaubte an ein magnetisches Fluidum (eine Art von allumfassender Energie), das durch bestimmte Menschen oder Gegenstände reflektiert und verstärkt und dadurch eine therapeutische Wirkung entfachen konnte. Mesmer dachte, daß das magnetische Fluidum durch spiegelglatte Flächen reflektiert werden könnte, deshalb hatte Messmer seine Behandlungszimmer mit vielen Spiegeln ausgestattet.
Er und seine Anhänger begründeten einen Massenkult, den „Mesmerismus", der jahrzehntelang in den Salons der Bürger in weiten Teilen Europas anzutreffen war. In Deutschland, Österreich, Böhmen, Belgien, der Schweiz und Frankreich war seine Lehre des animalischen Magnetismus zeitweise äußerst populär. Mesmer veranstaltete, weil er der großen Nachfrage nach seiner Behandlungsform nicht mehr nachkommen konnte, die ersten Gruppenhypnosen und konnte sensationelle Heilerfolge vorweisen, die ihm den Weg in die höchsten Etagen der Gesellschaftsschichten eröffneten.

Auch nach der Ära Mesmer war die Anwendung der Hypnose in Europa noch sehr populär, es entstanden vor allem in Frankreich und England verschiedene wissenschaftliche Schulen, die das Phänomen der Hypnose zu erforschen versuchten.
Um 1850 wurde von James Braid (1795-1860) zum ersten Mal der Begriff „Hypnose" verwandt, abgeleitet vom Namen des griechischen Gottes des Schlafes „Hypnos", des Bruders des Todes „Thanatos". Um dieselbe Zeit wurde von englischen und schottischen Ärzten Hypnose zur Schmerzausschaltung bei chirurgischen Operationen eingesetzt.
Gegen Ende des 19. Jahrhunderts lehrte der französische Neurologe Charcot(1825-1893), bei dem Sigmund Freud die Hypnose kennenlernte, Hypnose sei ein künstlich hervorgerufener hysterischer Anfall durch Überreizung des Nervensystems. Im Gegensatz dazu wurde um 1900 von Bernheim (1840-1919) und Liébeault (1823-1904) Hypnose als ein natürliches Phänomen beschrieben, das auf Suggestion beruht (Theorie der Schule von Nancy).
Hierüber kam es zu einem Schulenstreit zwischen der Schule der Salpêtrière in Paris (deren Leiter Charcot war) und der Schule von Nancy über das Wesen der Hypnose.

Der Streit fand weitere Nahrung in der Frage, ob es in Hypnose möglich ist, verbrecherische Handlungen zu suggerieren oder nicht. Bei einigen spektakulären Betrugs- und Mordfällen wurden unterschiedliche Gutachter herangezogen, die unterschiedliche Einschätzungen hierzu gaben (die Frage wird bis heute unterschiedlich beantwortet).

Vereinfachend lassen sich die bis Ende des 19. Jahrhunderts entwickelten Hypnoseinduktionen auf drei Grundtypen reduzieren:

- Kinästhetische Induktion: Mesmer bediente sich während seiner Induktionen oft kinästhetischer Stimulation, er berührte seine Patienten und erzeugte sogenannte „Mesmer Passes", das heißt, er strich mit seiner Hand über Körperteile des Patienten, um das magnetische Fluidum besser verteilen zu können.
- Visuelle Induktion: Braid war der Hauptvertreter visueller Induktion. Er entwickelte die Technik der Blickfixation auf ein schwingendes Pendel.
- Akustische Induktion: Liébeault verfeinerte die Verbalsuggestivmethode, er induzierte Trance mit variierender (oder monotoner) Stimme.

Erst mit dem Aufkommen der Psychoanalyse um die Jahrhundertwende ließ der Einfluß der Hypnose nach. Freud (1856-1939), der selber früher mehr oder weniger erfolgreich mit Hypnose experimentierte, verwarf dieses Verfahren aus mehreren Gründen:

- weil nach seiner Methode (eine sehr autoritäre Methode) nicht jeder hypnotisierbar war.
- weil er mir seinen hypnotischen Methoden immer noch auf Widerstand bei manchen seiner Patienten traf.
- weil er meinte, daß Hypnose Einsicht verhindert und
- weil Hypnose nur symptombezogen wirken sollte.

Wir wissen heute, daß die Hypnosemethoden von Freud eher unterentwickelt waren und nicht vergleichbar mit den heute zur Verfügung stehenden sind. Seine Auffassungen über das Wesen der Hypnose sind nach heutigem Kenntnisstand nicht haltbar.
Freuds Einfluß war derart groß, daß die Hypnose als Therapie und Heilkunst fast völlig in Vergessenheit geriet.
Zwar wurde an verschiedenen Universitäten weiter über Hypnose geforscht, Hull (1884-1952) in den USA und Pawlow (1848-1936) in der Sowjetunion, doch blieb ihr Einfluß gering. Pawlow nahm in den zwanziger Jahren dieses Jahrhunderts an, daß Hypnose ein partieller Schlaf sei, der durch konditionierte neurologische Hemmungsprozesse zustandekomme.

Eine grundlegende Änderung zeichnete sich erst ein halbes Jahrhundert später ab. Seit den siebziger Jahren hat sich, dank der Arbeiten von Milton Erickson (1901-1980), einem amerikanischen Arzt skandinavischer Herkunft, eine völlig neue Art hypnotischen Denkens etabliert und Einzug in die moderne Psychotherapie gehalten. Im Gegensatz zu den eher autoritären Hypnoseformen früherer Jahre, in dem einfach das Symptom wegsuggeriert wurde (ohne auf systemische Aspekte zu achten), orientiert sich die moderne Hypnotherapie an der Einzigartigkeit des Patienten und seiner Lebensumstände. Die Trancephänomene werden mehr naturalistisch, oft sogar beiläufig in einem Klima der Permissivität, erzeugt. Unbewußte körperliche Regungen und Denkprozesse werden ermuntert, sich zu äußern und zu entfalten. Es wird angenommen, daß das Unbewußte des Patienten eine Art Teilpersönlichkeit darstellt, die über die Probleme, Konflikte und Schwierigkeiten des Patienten besser Bescheid weiß, als sein Bewußtsein.

Der sich in Trance befindliche Patient erlebt einen starken Kontakt zu seinen unbewußten Gestaltungskräften, die ihm seine Lage, seine Probleme und sogar mögliche Lösungen oft ganz anders darstellen, als sie es bewußt täten. Und gerade hier liegt das Besondere dieses Therapie- und Behandlungsverfahrens, daß nämlich der bewußte Problem- und Lösungszusammenhang oft ignoriert wird und das Unbewußte des Ratsuchenden seine eigene „Sicht der Dinge“ mitteilt. Spürt der Patient aus der Tiefe seines Selbst Antworten auf wichtige Fragen, so hat das oft den Charakter eines Evidenzerlebnisses und zieht dann, oft wie von selber, Änderungen nach sich.
Die deutschsprachige Forschung unter Revenstorf, Bongartz und Henriette Walter, die sich über Hypnose habilitiert haben, hat sehr viel zur wissenschaftlichen Abklärung des Phänomens Hypnose beigetragen. Besonders die Habilitationsschrift von Henriette Walter belegt wissenschaftlich exakt das Phänomen der Hypnose. Kay Thompson berichtet in Berlin[3] von amerikanischen Forschungsarbeiten, in denen nachgewiesen wurde, daß in Hypnose nach entsprechenden Suggestionen Neuropeptide ausgeschüttet werden, die die entsprechenden Körperreaktionen steuern. Die allgemein gültige Definition, was denn Hypnose nun genau ist, ist in Arbeit. Eines der wichtigsten Ziele der DGZH ist es, die wissenschaftliche Untersuchung und Anerkennung der Hypnose voranzubringen.

Suggestibilitätstests und ihre Nutzung

Menschen sind unterschiedlich suggestibel, sie nehmen Suggestionen unterschiedlich schnell an. Die individuelle Lerngeschichte, als auch biologische Dispositionen werden als Ursache vermutet. Wie kann man nun den Faktor Suggestibilität testen?

> ☝Übung: Kippexperiment
> vier Personen:
>
> A ,B, C, D: A = Hypnotiseur, B = Versuchsperson, C = Helfer, D = Beobachter
> A stellt sich ca. 40-50 cm vor B und schaut B in die Augen. C stellt sich hinter B, um B aufzufangen, wenn er zu kippen anfängt.
> A nimmt seine Hand und hält sie ca. 10 cm vor der Brust von A. entfernt. A suggeriert, daß B sich vorstellen soll, daß die Hand eine Kraft ausübt, die stark genug ist, daß B nach hinten kippen muß. A hält Augenkontakt zu B und wiederholt diese Suggestion (mehrmals).
> C steht dicht hinter B, um ihn, wenn nötig, aufzufangen.

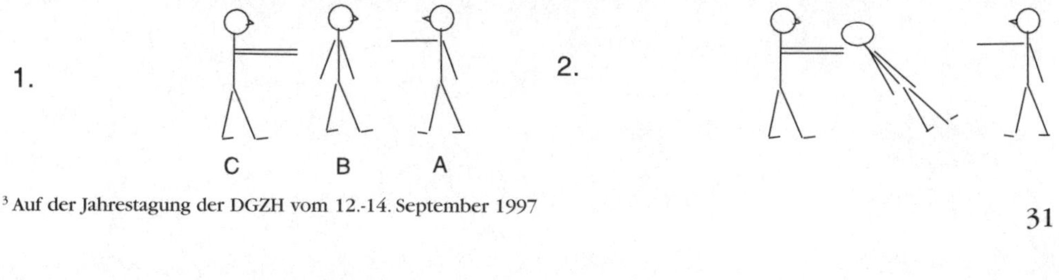

[3] Auf der Jahrestagung der DGZH vom 12.-14. September 1997

☝Übung: Muskelstarre in Hand

3 Personen: A, B, C
A = Anleitender, B = Versuchsperson, C = Beobachter
A versetzt B in leichte Trance. A suggeriert, daß B mit der linken Hand eine Faust machen soll (Wachsuggestion). A suggeriert darüber hinaus, daß B sich vorstellen soll, daß die faustmachende Hand nicht mehr zum Körper gehört (Suggestion einer körperlichen Dissoziation). A läßt sich diese Suggestion kongruent bestätigen.
Dann suggeriert A, daß es unmöglich sei, daß B die Faust öffnen könne, solange er sich vorstellt, daß die Hand nicht mehr zum Körper gehört. B. soll das Unmögliche versuchen, es werde nicht gelingen (so die Suggestion).
Viele Versuchspersonen werden hier tatsächlich nicht die Faust öffnen können. Je mehr sie es versuchen, desto stärker verkrampft sich die Hand. Diejenigen, die die Hand öffnen können, haben sich vermutlich in dem Moment der Öffnung nicht plastisch genug vorgestellt, daß die Hand vom Körper dissoziiert ist. Hier kann man ruhig einen zweiten Versuch wagen und sich von der Versuchsperson beschreiben lassen, wie es sich anfühlt, wenn die Hand nicht mehr zum Körper gehört. Dieses Gefühl kann man dann extern noch verstärken und die Versuchsperson ein paar Minuten diese Empfindungen spüren lassen. Spürt sie im Moment des Öffnenwollens der Hand diese seltsamen, entfremdeten Empfindungen, so fällt es ihr diesmal schwerer, die Hand wirklich zu öffnen.

Der Pendeltest:

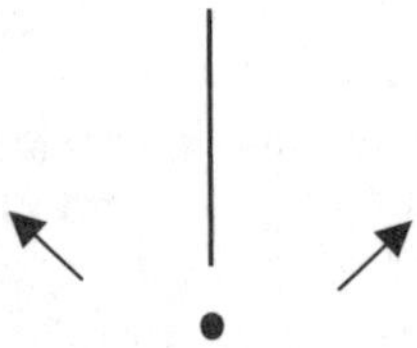

☝Übung: Chevreulscher Pendeltest
(ideomotorische Antworten)

Phänomen der Ideomotorik: Jede vorgestellte Bewegung neigt dazu, sich im Sinne der Vorstellung zu realisieren (meist jedoch unbemerkbar). Dieses psychologische Gesetz läßt sich gut anhand von Pendelbewegungen darstellen.
Nimm ein Blatt Papier und zeichne folgende Figur:

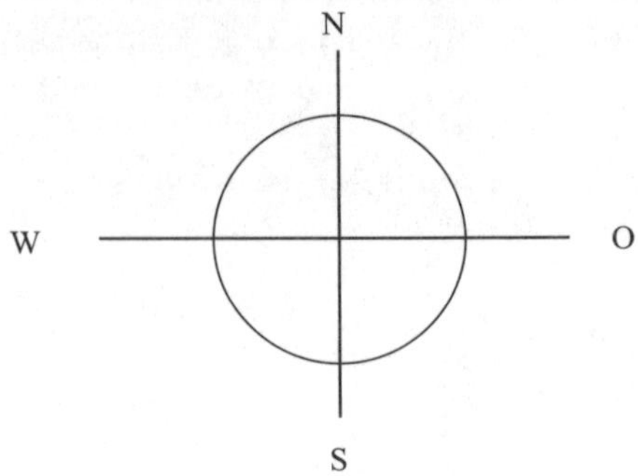

Halte Dein Pendel direkt über die Schnittstelle der Linien NS und WO und versuche, es ganz ruhig zu halten.

- Stelle Dir nun vor, daß das Pendel nun in Richtung WO ausschlägt. Stelle es Dir wirklich nur vor, ohne es bewußt mit der Hand zu machen. Du wirst bald merken, daß das Pendel ausschlägt.

- Stelle Dir das Gleiche in NS Richtung vor.

- Stelle Dir anschließend vor, daß das Pendel eine Kreisbewegung im Uhrzeigersinn macht.

Achtung: Je mehr Du versuchst, Deine Vorstellungsbilder mit Deinem Willen zu stoppen, desto stärker sind die Ausschläge, die Du beobachten kannst. Probiere es aus und wundere Dich!

> *... Dann schwenkte er die Flasche über den Köpfen der Räuber, rief:" Ihr sollt alle leben, aber das Maul auf und die rechte Hand in die Höhe", kaum waren die Worte heraus, so saßen sie alle bewegungslos, als wären sie von Stein, hatten das Maul offen und streckten den rechten Arm in die Höhe ...*
> *(Die Stiefel von Büffelleder, Grimms Märchen)*

Suggestibilitätstests lassen sich nutzen, um dem Patienten, der hypnotische Reaktionen erleben will, „Hypnose" zu demonstrieren. Viele Patienten, die zu Euch kommen werden, werden Dir sagen, daß sie gehört haben, daß Du mit Hypnose arbeitest. Sie haben also ein bestimmtes Bild von Hypnose im Kopf (vermittelt durch Medien und Sensationsberichte). Rede ihnen das Bild nicht aus, sondern nutze es gleich, um Trance zu induzieren, das ist i.a. wirkungsvoller.

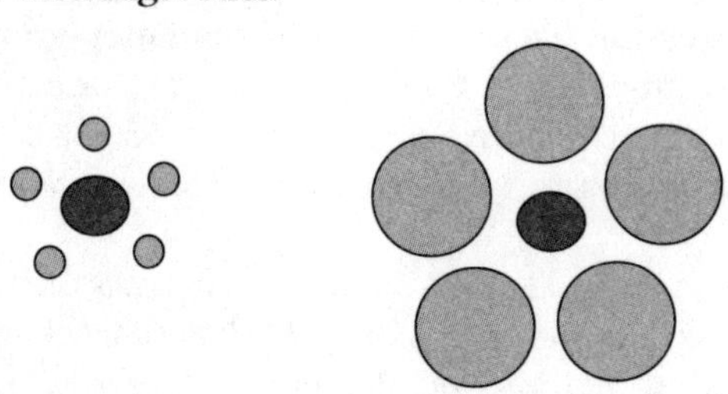

welcher Innenkreis ist größer?

Betrachte die folgende Figur 20 Sekunden lang. Dann drehe das Skript auf den Kopf. Was siehst Du nun?

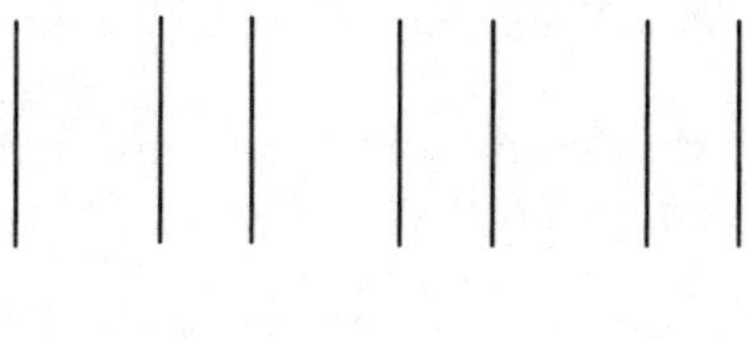

Techniken der Trancevertiefung

Die vier Stadien der Hypnose

Kunzelmann und Dünninger (Die Zahnarztwoche 5/1989) unterteilen die Hypnose in vier verschiedene Stadien:

Stadien:	**Phänomene:**
1. hypnoidales Stadium	körperliche Entspannung, Schläfrigkeit, Flattern der Augenlider, Lidschluß, Schweregefühl, in den Extremitäten, geistige Entspannung
2. leichte Trance	Augenkatalepsie, Katalepsie der Extremitäten, verlangsamte und vertiefte Atmung, langsamer Puls, Abneigung zu sprechen, zu denken und zu handeln, Zeitverzerrung, Analgesie möglich
3. mittlere Trance	partielle Amnesie, sensorische Halluzinationen, vollständige Katalepsie, Altersregression möglich
4. tiefe Trance	Fähigkeit, die Augen zu öffnen, ohne die Trance zu beeinflussen, vollständige Amnesie möglich, dilatierte Pupillen bei geöffneten Augen, posthypnotische Suggestionen möglich, Anästhesie möglich, positive und negative Halluzinationen selbst- und posthypnotisch möglich, Spontanaktivität eingeschränkt

Diese Auflistung entspricht Duchschnittserfahrungswerten, individuelle Abweichungen von dieser Tabelle sind häufig. Die Phänomene sind auch in anderen Stadien möglich.

Das A und O einer guten hypnotischen Induktion ist ein gesunder *Rapport*[4], der zum Patienten aufgebaut wird. Zur Entfaltung hypnotischer Reaktionen ist es wichtig, den Patienten in seinem Erleben da abzuholen, wo er sich befindet. Das Zurückspiegeln seiner Gefühle oder Gedanken ist ein einfacher Weg, Rapport zu erzeugen.

Hat man Rapport hergestellt und beobachtet beim Patienten kongruentes Verhalten, so kann man beginnen, den Patienten in *Entspannung* zu führen. Hierzu eignen sich z.B. Urlaubsszenen, die der Patient als angenehm schildert oder z.B. leerhypnotische Phrasen (Ruhe, Entspannung, Loslassen, Versenkung, Entrückung, Wärme ...)

Beobachtet man entspannte Reaktionen beim Patienten, so kann begonnen werden, ihn behutsam in *Trance* zu führen. Man kann z.B. absichtlich langsamer reden und die Stimmführung an den Atemrhythmus des Patienten anpassen (manche Menschen gehen hier fast ganz von alleine in Trance, andere brauchen längere Zeit dafür).

Wichtig: Laßt Euch Zeit und setzt Euch nicht unter Erfolgsdruck, der Patient ist in dieser Phase ausgesprochen sensibel und spürt unterschwellig Eure Stimmung ganz genau. Achtet darauf, in einer guten Arbeitstrance zu sein, also in einem Zustand, der durch erhöhte „frei schwebende“ Aufmerksamkeit charakterisiert ist.

Kommt ihr aus dem Sprachrhythmus oder fällt Euch nichts mehr ein, so könnt ihr einen kleinen Kniff anwenden: Paced Euch selber in der dritten Person (z.B.“ Manch-

[4] Rapport bedeutet: mit dem Gesprächsteilnehmer auf gleicher Wellenlänge zu sein.

mal gibt es längere Pausen, die mit Phantasie angefüllt werden können, manchmal ist es ganz anders ...).
Nun kann mit der Trancevertiefung begonnen werden: Hierzu gibt es unterschiedliche Möglichkeiten:

Direkte Methoden der Trancevertiefung

- Langsames Rückwärtszählen z.B. von 10 bis 0 und zwischen den Zahlen Suggestionen einstreuen.

- Treppenmotiv benutzen und den Patienten immer tiefer und tie...ie...fer in Trance sinken lassen.

- Vogtsches Fraktionierungsverfahren: Der Patient wird über ein Zusammenspiel von kurzen Trancen und anschließendem Wecken in eine immer tiefere Trance geführt.

Indirekte Methoden der Trancevertiefung

- Stellvertretergeschichte
  Dem Patient wird eine Geschichte erzählt, in der ein anderer Patient in eine tiefe Trance geglitten ist. Die Idee dahinter: Der Patient auf dem Behandlungsstuhl identifiziert sich mit dem Hypnotisierten in der Geschichte und fällt dadurch selber in tiefe Trance.

- Einbau einer Feedbackschleife als Barometer der Trancetiefe:
  Dem Patienten wird suggeriert, daß sein Arm ganz von alleine dann hochzusteigen beginnt, wenn sein Unbewußtes dabei ist, eine tiefe Trance zu erzeugen, und das Bewußtsein immer weiter in den Hintergrund tritt.

- Gegensatzverknüpfungen und Synästhesie
  Gegensatzverknüpfungen (z.B. das „Helle im Dunkeln" oder das „Zukünftige im Vergangenen" ...) und der Gebrauch von synästhetischen Wortspielereien (z.B. rauschendes Blau, warmes Gelb) binden oft noch Reste von Aufmerksamkeit des Hypnotisierten und führen zu tiefen Trancezuständen.

- Undeutliches Sprechen, Murmeln
  Undeutliches Sprechen oder Murmeln führt in den Ohren des Patienten zu einer Art Klangteppich, der Patient kann keinen Inhalten folgen (weil keine Inhalte präsentiert werden), sondern muß dieses Inhaltsvakuum mit seiner eigenen Phantasie füllen. Murmeln im Atemrhythmus des Patienten führt oft zu sehr tiefen Trancen. Das Murmeln sollte vorher in Kleingruppen geübt werden, um Hemmungen abzubauen.

Achtung: Diese Methode nur dann benutzen, wenn der Patient wirklich schon in Trance ist, sonst kann diese Form akustischer Schallwellenübertragung befremdend auf den Patienten wirken und unnötig Widerstand auf sich ziehen.

Schaubild: Stufen der Tranceeinleitung

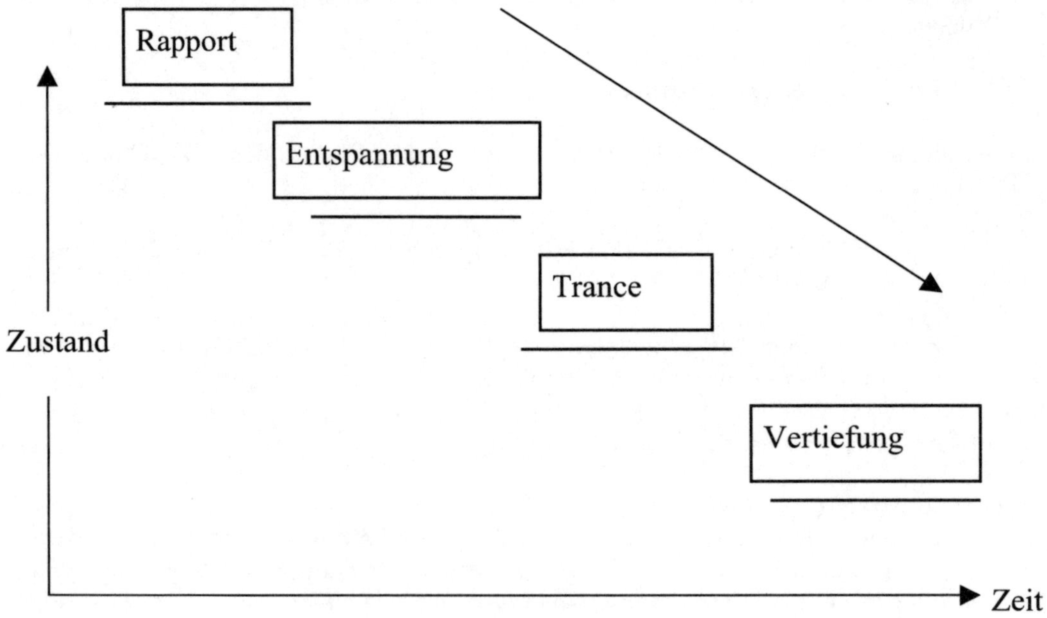

☝Übungen zur Trancevertiefung:

- Einfaches Rückwärtszählen
  Bildet Dreiergruppen: A, B, C
  A versetzt B über Rapport und Entspannung in Trance, C beobachtet. A beginnt, ganz langsam, von 10-0 zu zählen und suggeriert zwischen den Zahlen eine immer tiefer werdende Trance.

- Fraktionierungsverfahren
  Bildet Dreiergruppen: A, B, C
  A versetzt B über Entspannungsverfahren in Trance. C beobachtet. A erklärt B, daß er von 10 herunter bis 5 zählt und B entsprechend tiefer in Trance gleitet. Danach suggeriert A, daß er wieder von 5 bis 8 hochzählt und B entsprechend wieder ein bißchen wacher wird. Nun zählt A wieder von 8 5 Schritte herunter bis 3 und suggeriert tiefere Trance als bisher. Dann zählt er wieder drei Schritte hoch (also bis 6) usf.
  Die Idee: Der Organismus wird auf ständig wechselnde Bewußtseinszuzstände programmiert, was die Erreichung von Trancezuständen erleichtert.

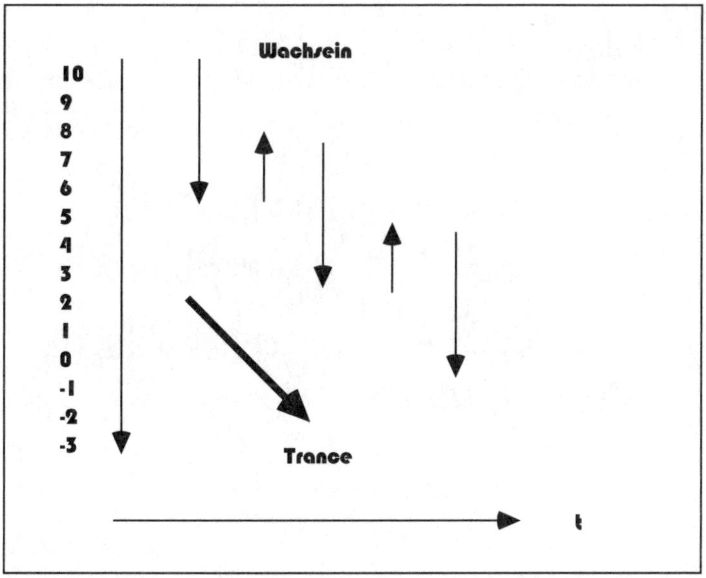

Schaubild: Hypnose mit Fraktionierung

- Erzeugung synästhetischer Sprachmuster und Gegensatzpaare
  Bildet Zweiergruppen und tragt in die unten stehende Tabelle synästhetische Wortpaare ein (Synästhesie ist die Vermischung von verschiedenen Sinnesmodalitäten):

schreiendes (A)	Grün (V)

Tragt in die untenstehende Tabelle Gegensatzpaare ein

zukünftige	Vergangenheit
(das) Feste	(im) Flüssigen

Bildet anschließend Dreiergruppen A, B, C.
A versetzt B wieder in Trance, C beobachtet. Versucht die Trance mit den von Euch erarbeiteten Wortspielen zu vertiefen. Achtet auf sehr langsames Sprechen.

... Glaube mir, vertraue mir,
Augen zu, schlaf in Ruh ...
(Kaa zu Mowgli im Dschungelbuch)

Direkte und indirekte Formen der Suggestion

(Frage: Kann man bei klarem Wetter vom Berliner Fernsehturm 1000 Km weit schauen? Antwort am Ende des Kapitels)

Wir unterscheiden zwei Suggestionstypen:

A) die direkten Suggestionen:

Um beispielsweise eine Blutung im Mundbereich zu stoppen, kann man ganz direkt an das Blut appellieren:“ Blut stop!“ Auch direkte Kältesuggestionen sind wirkungsvoll, um das Gewebe zu betäuben (z.B. „Kiefer wird kälter und kälter ...“).
Zur Trancevertiefung werden ebenfalls oft ganz direkte Suggestionsformeln benutzt, wie:“ ... tiefer und tiefer, immer tiefer und tiefer ...“
Direkte Suggestionen sind gut geeignet für Patienten, die
- schon in Trance sind und
- in Notfällen, in denen der Patient jede Suggestion gerne annimmt.

Der wohl bekannteste Vertreter direkter Suggestionen war im letzten Jahrhundert der Portugiese Faria, der in Indien verschiedene Methoden von Zauberern studiert hatte und die Entdeckung machte, daß es manchmal nur weniger Worte bedurfte, um bei empfänglichen Personen Somnambulismus hervorzurufen. So schaute Faria seinen Versuchspersonen mehrere Minuten in die Augen und sagte:“ Dormez!“ („Schlafe!“). Faria konnte auf diese Weise ca. 10% aller Versuchspersonen schnell in tiefe Trancezustände bringen.
Im zahnmedizinischen Bereich haben wir es meist mit Suggestionsmischformen zu tun, direkte und indirekte Suggestionen sind ineinander verwoben.

B) die indirekten Suggestionen:

- Indirekte Suggestionen zur Vorbereitung einer Trance:
  Indirekte Suggestionen eignen sich für interessierte, aber gleichzeitig kontrollierte Patienten. Eine einfache Weise, indirekte Suggestionen einzustreuen, sind Suggestivfragen mit Doppelbindungscharakter.
  Einige Beispiele:
  „ Wollen Sie mit offenen Augen oder mit geschlossenen in Trance sinken?"
  „ Wollen Sie nach der Trance wissen, was alles passiert ist?"
  „ Ist Ihnen heute mehr nach tiefer oder mittlerer Trance zumute?"
  „ Wollen Sie in Trance alles, was geschieht, wie von oben betrachten, oder einfach weit weg sein und nichts mehr mitbekommen?"
  Alle diese Fragen sind *Scheinfragen.* Alle Fragen setzen implizit voraus, daß der Patient eine Trance erleben wird (und das ist eben das Suggestive an diesem Fragentypus).

Übung: Denke Dir weitere Beispiele aus und schreibe sie in den folgenden Rahmen:

- Stellvertretergeschichten:
  Den kontrollierten Patienten kann man geschickt über sogenannte Stellvertretergeschichten in Trance führen. Dem Patienten wird einfach eine Geschichte erzählt, in der ein anderer Patient in Trance glitt. Gleichzeitig wird der richtige Patient genau beobachtet, inwieweit er selber Trancekennzeichen mitteilt. Nach jedem Trancekennzeichen wird vom Hypnotiseur ein wenig langsamer und leiser gesprochen, bis der Patient schließlich in Trance ist. Der kontrollierte Patient hat keinen Anlaß, dieser Form der Hypnoseinduktion Widerstand entgegenzusetzen, weil es ja scheinbar gar nicht um ihn selber geht.
  Diese Induktionsform verlangt ein wenig Übung und vor allem genaues Kalibrieren (Erkennen von unterschiedlichen Bewußtseinszuständen).

☝Übung: Stellvertretergeschichte

3 Personen: A, B, C
A führt B über eine (wahre oder erfundene) Stellvertretergeschichte in Trance. C beobachtet und schreibt auf, was er bei B für Reaktionen beobachtet.

- Tiergeschichten:
  Tiergeschichten eignen sich gut, um mit Kindern Rapport aufzubauen. So kann man dem furchtsamen Kind eine Geschichte über den Angsthasen erzählen, der auch auf dem Zahnarztstuhl saß und ganz plötzlich zu träumen anfing. Dann wird der Traum vom Hasen erzählt (dient zur Dissoziation). Das Kind identifiziert sich mit dem träumenden Hasen - dadurch wird es *indirekt* ermuntert, selber zu träumen und das Tor zur Trance ist aufgemacht.
  (Antwort: Du hast wohl noch nie den Mond gesehen)

Compliance und Arzt-Patient-Beziehung
Unter Compliance (engl.: compliance heißt soviel wie Einwilligung, Einverständnis) versteht man eine vertrauensvolle Einstellung des Patienten dem Zahnarzt gegenüber, die die Bereitschaft zur persönlichen Mitarbeit erhöht. Macht der Patient in der Zahnarztpraxis eine angenehme Erfahrung, so verstärkt sich sein Vertrauen, was wiederum die Kooperationsbereitschaft fördert. Das erleichtert dem Zahnarzt seine Arbeit und trägt zu einer entspannteren Behandlung bei.
Patienten beispielsweise, die den Wunsch haben, sich einer zahnmedizinischen Hypnosebehandlung zu unterziehen, können in einem Vorgespräch von einer Hypnoseassistentin über diese besondere Behandlungsform informiert werden. Außerdem kann die Hynoseassistentin die erforderliche Anamnese erheben und bei Bedarf Vorurteile beseitigen. Sie kann den Patienten mit verschiedenen Suggestibilitätstests auf seine hypnotische Ansprechbarkeit überprüfen und ihn mit den Möglichkeiten der Selbsthypnose vertraut machen. Diese Arbeit der Hypnoseassistentin entlastet den Zahnarzt. Der scheinbar erhöhte Zeitaufwand rentiert sich, wenn man bedenkt, daß ein Patient mit starken Ängsten oder Würgereiz nach einer Hypnosebehandlung ganz normal und ohne erhöhten Zeitaufwand behandelt werden kann. Die sich daraus ergebende erhöhte Compliance verbessert die Behandlungsbereitschaft, vermindert Ärger und Auseinandersetzungen und steigert ganz allgemein die Motivation des ganzen Praxisteams.
Die Kommunikationstechniken, die Du bisher erlernt hast, kannst Du auch bei Patienten anwenden, die nicht wegen einer Hypnosebehandlung zu Dir kommen. Die verbesserte Kommunikation innerhalb des Praxisteams strahlt auch auf Deine Patienten über. Die Folge: Die Praxistreue Deiner Patienten erhöht sich. Wenn alle Mitarbeiter hundertprozentig hinter den deutlich definierten Praxiszielen stehen, dann werden Deine Patienten Deine Behandlungsvorschläge leichter annehmen, wenn sie gleichzeitig wissen, daß sie auch bei einem guten Arzt sind.

Menschen neigen dazu, dem ersten Eindruck einer neuen Situation eine starke Bedeutung beizumessen (Primacy-Effekt). Der erste Eindruck entsteht sehr schnell und bleibt oft über einen langen Zeitraum erhalten. Das weitere Erleben oder Verhalten eines Patienten orientiert sich zum großen Teil an seinen ersten Wahrnehmungen. Ein vielleicht unangenehmer Alkoholgeruch, zu grelles Licht im Anmeldebereich oder ein unfreundlicher Unterton der Helferin erzeugen im Patienten bereits eine Erwartungshaltung (Angst), die dann nur noch schwer zu korrigieren ist. Wenn der Patient sich während der ersten Begegnung mit Dir (oder Deinen Mitarbeitern) respekt- und vertrauensvoll behandelt fühlt, und gleichzeitig eine gute medizinische Betreuung oder Beratung erfährt, so ist das für Deine Arbeit und die ganze Praxis die beste Werbung.

☞ Der erste Eindruck sollte beim Patienten das Gefühl hinterlassen:
Ja, hier bin ich richtig, die gehen mit ihren Patienten sorgsam um.

Allgemeine Kommunikationsaspekte

Jede Kommunikation besitzt zwei Aspekte:
a. den inhaltlichen und den
b. beziehungsmäßigen

Der *inhaltliche Aspekt* bezieht sich auf die nüchterne Informationsweitergabe, im Falle des zahnärztlichen Fachgespräches wäre das die informelle Aufklärung über Diagnose und Therapie dem Patienten gegenüber. Diese Information muß verpackt werden, um auch anzukommen, ähnlich einem Weihnachtspaket, das man mit der Post an Verwandte schickt. Diesen Aspekt nennen wir den *Beziehungsaspekt*. Hier wird die Art und Weise der Kommunikation geklärt, das *wie* des Gespräches. Dieses *wie* ist das Spiegelbild der Beziehung zweier oder mehrerer Menschen, die sich gegenseitig etwas zu sagen haben. Es ist der Indikator des Atmosphärischen in einer Gesprächssituation.

Nonverbale Gesprächsparameter

Jeder Mensch besitzt eine kritische Distanz, d.h., es existiert um jeden von uns herum eine imaginäre Grenze, die uns sowohl vor zuviel Nähe (Eindringen) schützt, aber auch Probleme bereiten kann. Schwierigkeiten gibt es meist dann, wenn diese Grenze überschritten werden muß, wenn also das mentale Körperschema verletzt wird, wie z.B. beim Zahnarzt.
Diese Grenze ist, nebenbei bemerkt, nicht nur von Person zu Person verschieden, sondern auch von Kultur zu Kultur. Araber z.B. stehen beim Reden viel enger zusammen als Mitteleuropäer, sie haben also eine geringere kritische Distanz.

Wird die kritische Distanz überschritten, so ändert sich beim Patienten seine gesamte Physiologie, Angst entsteht. Der Patient wird kurzatmiger, seine Muskeln verkrampfen, die Durchblutung der Körperperipherie nimmt ab, er wird blaß im Gesicht, die Pupillen verkleinern sich. Diese non-verbalen Körpersignale heißen:" Bleib mir vom Leib!" Wer diese Körpersignale lesen kann, der kann sie dem Patienten zurückspiegeln und sagen:

„Das ist doch ganz normal, daß Sie hier auf dem Zahnarztstuhl verkrampft sind, jeder ist doch froh, wenn er aus der Zahnarztpraxis wieder draußen ist."

Kongruent mitgeteilt, wird der Patient diese Botschaft gerne aufgreifen, er wird sich mit seinen Körperreaktionen verstanden fühlen. Ein einfühlsames Verhalten des Zahnarztes wäre ein sogenanntes *Atempacing*. Der Arzt sieht den Patienten vor sich auf dem Stuhl und beobachtet die Atemfrequenz des Patienten. Dann atmet er in der gleichen Frequenz und verlangsamt schließlich absichtlich seine Atemfrequenz. Die Folge: Der Patient atmet nun ebenfalls langsamer, die verschiedenen Körperrhythmen streben danach, sich gegenseitig zu synchronisieren. Das geschieht beim Patienten unbewußt. Er wird dann innerhalb von ein paar Minuten einfach ruhiger, ohne genau sagen zu können, woran das eigentlich liegt.

Weitere wichtige non-verbale Gesprächsparameter sind: die Körperhaltung, die Mimik und Gestik, das Sprechtempo, die Betonung von Worten, die Sprachmelodie und der Augenkontakt.

- die Körperhaltung: Unsere Körperhaltung verrät das wirkliche Interesse oder Desinteresse an unserem Gegenüber. Ein dem Patienten zugewandter Körper vermittelt das Gefühl, daß der Arzt ihn wirklich ernst nimmt. Filmaufnahmen von Gesprächssituationen belegen, daß bei einem ernsthaften, interessierten Gespräch sich die beiden Körper der Sprechenden in einer Art Tanz befinden, ihre Bewegungen passen zueinander, sie sind synchronisiert (Argyle, 1992).

- Mimik und Gestik: Unser Mienenspiel und unsere Gesten unterstreichen unsere wirklichen Überzeugungen über andere Menschen. Hier kommt es oft zu Inkongruenzen zwischen dem, was gesagt wird und dem, was man wirklich meint. Solche Inkongruenzen innerhalb von Gesprächssituationen werden meist genau gespürt - ein Gefühl der Unsicherheit entsteht im Patienten. Der Patient schenkt in diesen Situationen den non-verbalen Elementen einer Botschaft mehr Aufmerksamkeit. Untersuchungen zeigen: Lügt ein Mensch, so gestikuliert er auffällig weniger (Morris 1994).

- Sprachparameter: Die Intonation, der Sprechrhythmus, die Schnelligkeit und die Lautstärke unserer Worte geben ebenfalls unbewußte Botschaften an den Zuhörer, an den Patienten. Im ärztlichen Bereich empfiehlt sich eher ein langsames, beruhigendes, nicht allzu lautes Sprechen, um dem Patienten zu signalisieren, daß er sich entspannen darf. Unsere unbewußten Botschaften sind wie das warme Wasser einer Badewanne, wir legen uns dort gerne rein, ohne uns Gedanken zu machen, auf welche Weise es erwärmt wurde.

- Augenkontakt: Der Augenkontakt während eines Gespräches ist wichtig. Er deutet auf Interesse beim Gegenüber. Nicht immer allerdings ist es möglich, Augenkontakt zum Patienten zu halten. Wird die kritische Distanz zum Patienten überschritten, so kann es der Patient sogar als bedrohlich empfinden, wenn ihm dabei in die Augen geschaut wird. Viele Patienten machen dann automatisch die Augen zu oder schauen einfach weg.

Das Nachrichtenmodell: Sender und Empfänger

Wenn ein Sender eine Botschaft übermitteln will, so wird die Botschaft codiert, übermittelt, decodiert und empfangen. Nehmen wir als Beispiel einen Angstpatienten, der seine Angst übermittelt:
Der Patient codiert seine Angst, das heißt er „verpackt" seine Angstbotschaft in seine individuellen Ausdrucksformen (seine Sprache und vor allem seine unterschwelligen Körperbotschaften) und übersendet sie mit seinen bevorzugten Kommunikationskanälen.
Will der Empfänger die Botschaft richtig deuten, so sollte er seine Wahrnehmung schärfen und vor allem auf die nonverbalen Hinweise achten. Kalte Hände kann man spüren, enge Pupillen sehen und Angstschweiß mit einer guten Nase riechen.

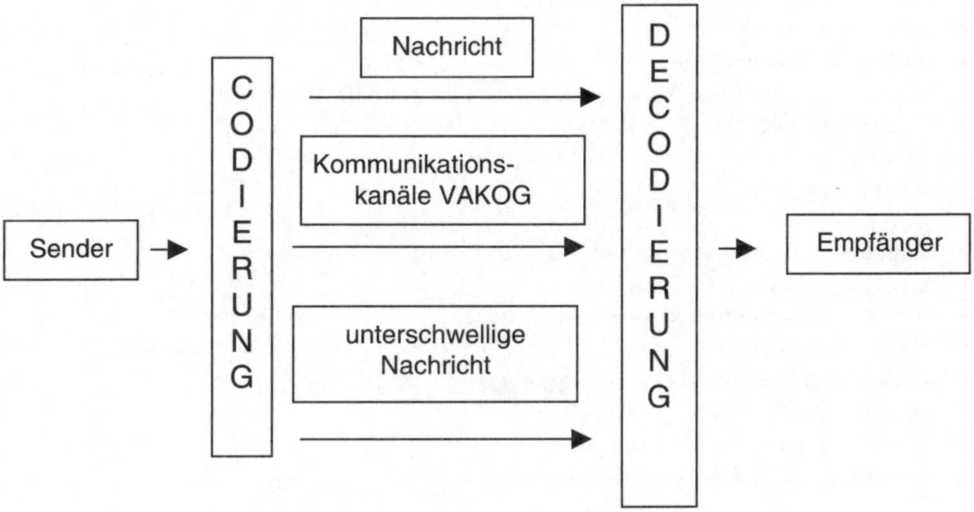

Beispiele von Patienten mit unterschiedlicher Körpersprache:

Patient mit offener Körpersprache:

- Kopf etwas zur Seite geneigt, ein Ohr dem Sprechenden zugewandt
- Blickkontakt suchend
- lächelnd, bei leicht geöffnetem Mund
- Fußsohlen in Kontakt mit Boden
- auf dem Stuhl nach vorne geneigt
- synchrone Bewegungen von Kopf und Hand
- synchroner Wechsel: Sprechen und Zuhören

Depressiver Patient:

- gekrümmte, nach innen gekehrte Körperhaltung, embryonale Schutzhaltung
- Brust eingefallen, Kopf eingezogen, hängender, gebeugter Körper
- kein Augenkontakt
- Müdigkeit, Niedergeschlagenheit
- lustloser, resignierender Blick

Ängstlicher Patient:

- eingeigelte Körperhaltung
- ausweichender Blick zur Seite (Vogel-Strauß-Prinzip: Wenn ich Dich nicht sehe, dann ...)
- potentielles Fluchtverhalten
- leise Stimme
- gespannte Lippen, Handflächen nach außen
- sich kleiner machend
- unsichere Bewegungen
- Sitzstellung: Arme überkreuzt, Ellenbogen im Kontakt mit Körper
- übereinandergeschlagene Beine

Dominanter Patient:

- längerer Augenkontakt
- Blick ohne Verlegenheitslächeln
- lautes, eher schnelleres Sprechen
- nach vorne geneigt
- keine überhasteten Körperbewegungen
- macht sich größer (Aufplusterei)
- Kopf gerade auf dem Körper
- Sitzhaltung: zurückgelehnt

> ☞ Schaue Dir Deine Videos an und gebe Dir Supervision in non-verbaler Kommunikation!

Der Zahnarzt und die Zahnärztin aus der Sicht der Patienten:

- Sympathie, Vertrauen (mag der Patient seinen Arzt?)
- Experten-Status, Attraktivität
- Kooperationsbereitschaft
- Kompetenz
- Bekanntheitsgrad
- Gefühl der Geborgenheit, Wärme

Warum ein Patient einem bestimmten Behandler den Vorzug vor einem anderen gibt (und auch umgekehrt), liegt in erster Linie im Vertrauen, das er seinem Behandler gegenüber entwickelt.
Der Grund eines gestörten Vertrauensverhältnisses liegt oft in einer mangelhaften Kommunikation.

Was passiert, wenn es zwischen Sender und Empfänger eine Störung gibt?
Dann entsteht **Widerstand!!!**

Widerstand beinhaltet alles gedankliche, emotionale oder körperliche Verhalten, das sich bei einigen Patienten bewußt oder unbewußt gegen bestimmte Interventionen, die Behandlung insgesamt oder das Verhalten des Arztes oder der Helferin richtet. Widerstand zeigt sich folgendermaßen:

- Zuspätkommen, Hinausschieben, Falschdatieren oder Vergessen von Terminen;
- Zurückhalten von Informationen, die wichtig für die Diagnose sind;
- kritische „Türpfosten-Bemerkungen" beim Verlassen des Behandlungszimmers oder der Praxis;
- eine ablehnende Körperhaltung oder Verkrampfung bzw. nicht ausreichende Öffnung des Mundes bei der Behandlung;
- wiederholtes Stellen der gleichen Fragen zur Behandlung;
- „stellvertretende" Kritik an den Helferinnen, wobei eigentlich der Arzt gemeint ist;
- Nicht-Einhalten von Verhaltensvorschriften nach oder zwischen Behandlungsterminen;
- Verzögerung des Behandlungsbeginns durch lang anhaltenden „Small talk";
- Nichtbezahlen von Rechnungen
- gleichzeitige Konsultation anderer Zahnärzte wegen derselben Beschwerden usw.

Die Reaktanz:

Definition Reaktanz: eine Reaktion auf eine (objektiv oder subjektiv wahrgenommene) Gefährdung bzw. Einschränkung der persönlichen Verhaltensfreiheiten mit der Folge, daß der Mensch, dessen Freiheit bedroht ist, alles unternimmt, um sein Gefühl der Freiheit wiederherzustellen.
Der Patient erlebt die Behandlung auf dem Zahnarztstuhl oft als Einschränkung seiner persönlichen Freiheit und Unversehrtheit und das erzeugt Angst. Ein paar nette, ernstgemeinte Worte, eine warme Hand auf der Schulter und das Signalisieren von Verständnis für seine Situation machen dem Patienten seine Lage wesentlich erträglicher.

> ☞ Erweitere Deine Sinnesschärfe, indem Du sehr genau beobachtest!

Positive und negative Sprachformen

Die meisten Menschen reagieren negativ, wenn sie mit einer negativ formulierten Aufforderung konfrontiert werden.

Welcher Bitte würdest Du eher nachkommen:

1. „Schließen Sie nicht die Tür!" oder
2. „Würden Sie bitte die Tür offen lassen!"

Von klein auf haben wir meistens mehr „Nein" als „Ja" gehört, und oft haben wir einen konditionierten Reflex auf negativ formulierte Aussagen entwickelt. Negativ formulierte Aussagen werden nicht gerne akzeptiert.

„Ich werde nicht mehr rauchen" ist eine negative Instruktion, die vom Unterbewußten ignoriert wird, da unser Unbewußtes sich keine Negationen vergegenwärtigen kann. Eine effektivere Suggestion wäre eine mit einem positiven Aspekt verknüpfte Aussage, z.B. „Wenn ich weniger rauche, fühle ich mich gesünder und bin mit mir selbst zufrieden". Wenn möglich, verbinde eine positive Suggestion mit den zu erwartenden Vorteilen. Es ist am Anfang vielleicht schwierig, „NEIN", „KEIN", „NICHT" und andere Verknüpfungsworte aus den Suggestionen herauszuhalten. Wenn Du ganz bewußt einmal darauf achtest, wie Du in Deinen Alltagsgesprächen mit sprachlichen Negationen umgehst, wirst Du sensibel werden für diese sprachlichen Feinheiten. Die wenigen Verneinungen, die sich hier und da einschleichen, sind meist harmlos, insbesondere, wenn Du sie mit vielen „ich werde", „ich kann", „ich könnte" und „vielleicht heute" ausdrückst.

Das sprachliche Verständnis ist vor allem durch bildhafte Beschreibungen mit positivem Inhalt zu erschließen. Vermeide Worte, die keine Bilder produzieren. Das sind zum Beispiel:
Negationen wie „nicht oder „kein". So kannst Du, um es Dir leichter zu machen, den Patienten auffordern, sein Ziel, wie er sich zum Beispiel während der Behandlung fühlen möchte, positiv zu formulieren.

Positive Sprachformulierungen sind beispielsweise:
1. „Wenn Du Dich ganz ruhig hinlegst und ganz tief ausatmest, merkst Du nur ein Kitzeln oder Zwicken."
2. „Denk an etwas Schönes (Hobby), wenn Du beim Zahnarzt bist."
3. „Es ist normal, daß kleine Kinder Herzklopfen beim Zahnarzt haben. Wenn Du größer bist, wirst Du gerne hingehen (Das kann schon nächste Woche sein)", usw.

Negative Sprachformulierungen sind beispielsweise:
1. „Es wird ganz bestimmt nicht weh tun"
2. „Schau Dir auf keinen Fall die Spritze an"
3. „Du mußt gar keine Angst haben" usw.

Später wirst Du lernen, daß manchmal negative Formulierungen absichtlich zur Induktion und Hypnosevertiefung benutzt werden. Vertiefe Dich einmal in folgende Sätze:

„Gehen Sie jetzt noch nicht so tief in Trance. Denken Sie jetzt nicht an Ihren schönen Urlaubsort."

Zuerst muß sich der Hörer vergegenwärtigen, was er eigentlich nicht soll. Wenn aber bereits einmal ein Bild oder eine Repräsentation geistig entworfen wurde, dann ist es schwer, sie schnell wieder beiseite zu legen.

Sprachliche Elemente mit unterschiedlichen Wirkungen

Die folgenden Worte werden beim Hörer sehr unterschiedliche Wirkungen hinterlassen:

Akzeptanz	eher neutral	Ablehnung
vielleicht ...	na ja ...	immer ...
manchmal ...	ein Stück weiter ...	jederzeit ...
hin und wieder ...	sowohl als auch ...	ausschließlich ...
mitunter ...	folgerichtig ...	es muß ...
irgend etwas ...	tatsächlich ...	man kann nicht ...
früher oder später ...		ausnahmslos ...
jeder auf seine Art ...		unbedingt ...
mag sein ...		nie ...
kann sein ...		alles ...
es kommt vor ...		bestimmt ...
		zwangsläufig ...

(nach Prof. Gheorhgiu)

☝Übung: Sprache mit unterschiedlicher Wirkung

2 Personen: A = Vorleser, B = entspannter Zuhörer
A liest B die Begriffe der Tabelle langsam vor. B achtet dabei sorgfältig auf seine Empfindungen.

Aktivierung und Nutzung der natürlichen Entspannungsfähigkeiten

Die vielen Stressoren, denen wir im Alltag und im Beruf ausgesetzt sind, führen zu körperlicher und geistiger Anspannung, zu Müdigkeit, Schmerzen und zu Erschöpfung. Um zu verhindern, daß durch die dauernde Belastung unser Organismus überfordert wird, ist es sinnvoll, Entspannungstechniken zu kennen, die man schnell und effektiv anwenden kann.
Betrachte einmal folgende Tabelle und frage Dich (oder Deinen Nachbarn) was gegenwärtig für Dich zutreffen könnte:

angespannter Zustand	entspannter Zustand
gerunzelte Stirn und Kopfhaut	glatte Stirn und Kopfhaut
hochgezogene Augenbrauen	locker-gelöste Augenpartie
gepreßter Kiefer, Lippen	gelöster Kiefer, Lippen
steifer Hals, Nacken	gelockerter Hals, Nacken
hochgezogene Schultern	lockere Schulterpartie
steifes Kreuz	entspannte Rückenmuskulatur
angespannte Fußmuskeln	entspannte Fußmuskeln
kalte Finger, schwitzende Hände	warme Finger und Hände
schneller Puls	regelmäßiger Puls
oberflächliche Atmung	ruhige, tiefe Atmung
angespanntes Zwerchfell	lockeres Zwerchfell
angespannter Bauchbereich	gelöster, lockerer Bauchbereich
zusammengezogener Beugemuskel	lockerer Beugemuskel
gehemmter Streckmuskel	lockerer Streckmuskel
gespannte Wadenmuskeln	entspannte Wadenmuskeln
kalte Füße	warme Füße

Wenn ein Organismus einem Stressor ausgesetzt ist, wird eine innere Alarmreaktion ausgelöst, wobei der Widerstand des Körpers absinkt. Bei weiterer Belastung mit dem Stressor versucht der Organismus unter Veränderung wichtiger Körperfunktionen sich an die Streßbedingung anzupassen (Phase des Widerstandes), wodurch sich wichtige Körperfunktionen verändern. Das ist Schwerarbeit für jeden Organismus und nur eine begrenzte Zeit ertragbar. Hören die Streßreize nicht auf, so folgt die Phase der Erschöpfung oder des Zusammenbruchs. Um es nicht so weit kommen zu lassen, bieten wir Dir zwei gute Methoden an, mit denen Du Dich (oder Deine Patienten) relativ schnell und sicher entspannen kannst:

Muskelentspannung nach Jacobson.

☝ Übung zur progressiven Muskelentspannung nach Jacobson:

1. Nimm Deine Entspannungsposition ein und atme tief, jedoch langsam ein und aus

2. Arme hoch, Fäuste ballen, etwa 5 - 8 Sek.

- anspannen - spüre die Anspannung, laß sie kräftiger werden und spüre jeden Muskel
- entspannen - Arme runter, beobachte, wie das Blut einströmt, Schwere und Wärme entsteht (Faust nach innen)
- eventuell wiederholen!

3. Beine, Füße, Unterschenkel und Oberschenkel zum Körper ziehen

anspannen
entspannen

und in gleicher Weise 4 - 9 üben

4. Gesäß und Bauch

5. Schulter und Nacken

6. Genick und Kopf

7. Brust

8. Rücken

9. ganzen Körper anspannen und entspannen

10. Entspannung genießen

(als CD: Mentales Training von L.E. Unestahl im Hypnos Verlag erhältlich)

Autogenes Training

Als weitere Entspannungsübung ist das Autogene Training von J. H. Schultz zu nennen, bei dem durch autosuggestive Wortformeln Körper- und Gesamtentspannung induziert werden.

Wortformeln wie z.B.:
„Ich bin ruhig, ganz ruhig..."
„Rechter Arm ist schwer, ganz schwer..."
„Arme sind schwer, ganz schwer..."
„Beine sind schwer, ganz schwer..."
„Arme sind warm, ganz warm..."
„Beine sind warm, ganz warm und schwer..."
„Ganzer Körper ist warm und schwer, ganz schwer und schwerer..."
„Ruhe, Schwere, Wärme, eine leichte Schwere und Wärme ..." usw.
(nach Schultz, J.H.: Das Autogene Training. Stuttgart 1973)

Das Selbstinstruktionstraining durch systematisches Vorsprechen der jeweiligen sechs Formeln soll zu einer Veränderung von Körperreaktionen führen, wie zum Beispiel zur Entspannung des gesamten Körpers. Durch Schwereübungen, Wärmeübungen, Herzübungen, Atemübungen, Sonnengeflechts- und Bauchübungen, sowie Übungen zur Erzeugung von Kühle auf der Stirn wird die organismische Umstellung erreicht.

Jede Formulierung soll in der Entspannung etwa 15 - 20 Sekunden dauern, Wärme und Schweresuggestionen mehrmals wiederholt werden. Eine Entspannungsform, die gern angenommen wird. Bei dieser Übung lernst Du Deinen Körper wahrzunehmen und wie er zu beeinflussen ist, indem Du regelmäßig und systematisch übst.

Umgang mit ungeplanten Reaktionen

Treten ungeplante Reaktionen auf, so kannst Du Dich an folgendem Schema orientieren:

1. Zurück zum Pacing (das, was gerade passiert, ist o.k.)
2. Symptom verordnen („Tun Sie das, was gerade geschieht!")
3. Sicherheit geben („Ich bin bei Ihnen, bis Sie wieder in einem guten Zustand sind")
4. Trance aufrecht erhalten (keinesfalls aus Unsicherheit die Hypnose abbrechen)
5. Feedback holen („Was stört Sie, was könnte helfen?")

Folgende ungeplante Reaktionen können anfangs auftreten:

- Der Patient macht plötzlich die Augen auf und sagt zu Deiner Überraschung, daß es nicht geht, daß er gar nicht in Trance ist.

> ☞ Du kannst hier zum Beispiel mit einem Reframing (siehe Z5: Deuten und Umdeuten von Beschwerden und störenden Verhaltensweisen) reagieren wie: „Ja, gut so, kommen Sie jetzt wieder ganz zurück, um dann in Trance zu fallen, wenn es wirklich der richtige Zeitpunkt ist."
> Diese Suggestion beinhaltet:
> 1. Es ist alles richtig, was der Patient erlebt.
> 2. Eine Trance kann sich später entwickeln.
> 3. „Schuld" am Mißerfolg ist der falsche Zeitpunkt (und nicht der Patient oder Du).

- Der Patient erlebt Schmerzen trotz einer tiefen Trance

> ☞ Hier: Chemische Anästhetika verabreichen (wenn möglich) oder
> den Patienten gezielt weiter dissoziieren oder
> den Patienten schnell zu einer mentalen Aktivität ermutigen (macht er gerne Sport, dann laß ihn 100 Meter so schnell laufen, wie er kann ...)
> Gründe eruieren: Manchmal liegt die Crux in der Formulierung der Suggestion. Wenn Du zum Beispiel nur den Oberkiefer taub gemacht hast, erlebt der Patient natürlich im Unterkiefer Schmerzen.
> Bei absoluter Unklarheit: Den Patienten einfach fragen.

- Rapportverlust

> ☞ Rapport wieder herstellen durch Ruhe, Körperkontakt und Sicherheit.

- Abreaktionen

> ☞ Bei starken Affektausbrüchen (kommt allerdings selten vor) dafür sorgen, daß der Patient sich nicht verletzt. Die Affektausbrüche ebben nach einigen Minuten ab, so daß der Patient dann wieder ansprechbar wird. Ruhe bewahren und Körperkontakt aufnehmen!

- Patient gerät in eine Problemtrance

> ☞ Körperberührung mit Auslösen von Ressourceanker. Der gute Zustand muß natürlich vor der Trance etabliert worden sein.

- Patient wird bei der Reorientierung nicht vollständig wach, es bleibt ein Resthypnoid zurück (zum Beispiel: Sprachverlust, Taubheit bestimmter Körperglieder, seltsame Schwereempfindungen ...)

> ☞ Den Patienten nochmals in Trance setzen und ihn anschließend sehr gründlich reorientieren.

- Aus dem Feedback des Patienten in Trance ist zu erkennen, daß er sich in einem unangenehmen Zustand befindet.

> ☞ Auch hier: Zustandsänderung durch Auslösen des Ressourcenankers.

- Patient gerät in eine spontane tiefe Regression (Babyhaltung, Daumenlutschen, kindliches Weinen ...)

> ☞ Kommt spontan selten vor, ist im allgemeinen nicht gefährlich, sondern nur sehr ungewohnt. Den Patienten loben, ihn streicheln (wie eine Mutter) und beruhigen.

> ☞ Oberstes Gebot: Ruhe bewahren!

Atme tief durch und versuche, wenn Du durcheinanderkommen solltest, Deine Ressourcen zu mobilisieren. Dein Verhalten und Deine Ausstrahlung wird wesentlich den Zustand des Patienten beeinflussen.

> ☝ Übung: Scheintrance
>
> A = Hypnotiseur, B = Versuchsperson, C = Beobachter
> A versetzt B in eine Scheintrance. B macht nur so, als würde er in Trance sinken und macht plötzlich die Augen auf und sagt, daß er gar nicht in Trance ist, daß das alles bei ihm nicht klappt. A versucht eine kluge Erwiderung zu finden, die das Tor für weitere Hypnoseversuche offen hält. C schreibt mit. B sagt am Ende der Übung, wie die Erwiderung bei ihm angekommen ist.

Z3: Trance und NLP 1

Was ist NLP?

Das Neurolinguistische Programmieren (NLP) ist eine Sammlung von verschiedenen Techniken, die eine schnelle Veränderung vor allem im Bereich der Wahrnehmung und des Denkens bewirkt.
Wie ist das NLP entstanden?
In den siebziger Jahren untersuchten Richard Bandler und John Grinder die unterschiedlichen Vorgehensweisen von verschiedenen Therapeuten. Sie entdeckten dabei, daß weniger die unterschiedlichen theoretischen Herangehensweisen verantwortlich für die Veränderungen innerhalb von Therapieprozessen waren, als andere Faktoren. Bandler und Grinder erforschten das therapeutische Vorgehen von erfolgreichen Therapeuten wie Milton Erickson (Hypnose), Virginia Satir (Familientherapie) und Fritz Perls (Gestalttherapie). Sie werteten Videoaufnahmen aus und analysierten Kommunikationsabläufe, um herauszufinden, woran es lag, daß gerade diese Therapeuten so erfolgreich in ihrer Arbeit waren. Dabei stellten sie fest, daß es, trotz großer theoretischer Unterschiede im Menschenbild dieser Therapeuten, verblüffende Gemeinsamkeiten in deren kommunikativer Vorgehensweisen gab. Folgerichtig nahmen sie an, daß diese Gemeinsamkeiten einen großen positiven Einfluß auf das Therapiegeschehen haben müßten. Diese Gemeinsamkeiten wurden von Bandler und Grinder in einem Kommunikationsmodell beschrieben, aus dem schließlich das Neurolinguistische Programmieren in seiner heutigen Form hervorging. Das NLP ist keine Entwicklungs- oder Persönlichkeitstheorie, sondern beinhaltet eine große Anzahl unterschiedlichster Techniken, die praktisch überall, relativ leicht, angewendet werden können.

Es gibt im Neurolinguistischen Programmieren verschiedene Vorannahmen:

- Die innere Landkarte eines Menschen (sein Denken über die Welt und sich) entspricht nicht der Realität.
- Jeder Mensch verfügt über viele Ressourcen, die man lediglich entdecken muß.
- Es gibt keine Fehler, sondern nur Ergebnisse.
- Jeder Mensch ist einzigartig.
- Das Verhalten eines Menschen ist etwas vollkommen anderes als sein „innerer Wert".
- Hinter jedem Verhalten steht eine positive Absicht (man muß sie nur finden!).
- Menschen treffen bezüglich ihrer eigenen Landkarte die beste ihnen zur Verfügung stehende Wahl.
- Ziel sämtlicher NLP Interventionen: Erweiterung der individuellen Wahlfreiheit.
- Negatives Verhalten wird erst dann korrigiert, wenn etwas besseres zur Verfügung steht.
- Es gibt keinen Widerstand, sondern nur inflexible Kommunikationsteilnehmer.
- Unterschieden werden zwei Kommunikationsebenen: die bewußte und die unbewußte.

Sinnesspezifische Zielorientiertheit: die Vorstellungen des Patienten erfragen (Meta-Modell)

Du kennst das VAKOG Modell bereits aus dem Z1-Kurs. Du weißt, daß sich Erlebtes anhand der fünf Sinne beschreiben läßt. Du weißt ebenfalls, daß jeder Mensch ganz bestimmte Sinnessysteme bevorzugt und er über seine bevorzugten Sinnessysteme leichter ansprechbar ist.
Es ist immer sinnvoll, mit dem Patienten ein positives Zielbild in seinen Sinnesmodalitäten zu entwerfen. Damit ist er auf das Zielbild fixiert, wie ein Wanderer in einem dunklen Wald, der auf eine Lichtquelle zugeht.

Soll der Patient zu einem bestimmten Ziel hingeführt werden (z.B. Aufklärung über eine lange kieferorthopädische Behandlung) so ist es geschickt, ihn, nachdem man ihn über Pacing-Aussagen in eine innere Aufnahmebereitschaft geführt hat, mit *Leading*-Aussagen in Richtung Ziel zu führen. *Pacing-Aussagen beziehen sich auf das aktuelle Geschehen, Leading-Aussagen auf die erwünschte Zielrichtung.* Ein Beispiel aus der Praxis zur Verdeutlichung:
Zahnarzt:" Sie plagen sich schon geraume Zeit mit Ihren Zähnen herum." (Pacing)
Patient:" Ja!"
Zahnarzt:" Sie haben bestimmt schon oft über Ihre Probleme mit Ihren Zähnen nachgedacht." (Pacing)
Patient:" Ja!"
Zahnarzt:" Sie wünschen sich, das alles wieder gerichtet wird." (Pacing)
Patient:" Ja!"
Zahnarzt:" Ich werde mit Ihnen gleich ein paar Dinge besprechen, die Ihnen helfen werden, damit Ihre Zähne wieder in Ordnung kommen." (Leading)
Patient:" Ja, gut."
In diesem Beispiel werden dem Patienten drei Pacing-Aussagen präsentiert, auf die er mit „ja" antwortet. Die Pacing-Aussagen beziehen sich auf das vermutete Denken des Patienten. Der Patient fühlt sich verstanden und faßt schrittweise mehr Vertrauen. Der Zahnarzt hat durch seine Pacing-Aussagen eine *Ja-Haltung* (Yes-Set) im Patienten erzeugt. Eine Gesprächssituation, in der der Zuhörer ständig zustimmt, also innerlich und äußerlich mit „ja" antwortet (Kopfnicken), ist gut geeignet, den Patienten leichter zu überzeugen, daß der Behandlungsvorschlag seiner Gesundheit dient.

Die Grundidee des Yes-Sets: Stimmt der Patient dreimal hintereinander zu, so ist die Wahrscheinlichkeit groß, daß er es auch ein viertes Mal tut.
Die vierte Aussage des Zahnarztes bezieht sich auf die zu erwartende Therapie und ist gleichzeitig mit den Wünschen des Patienten kombiniert, so daß der Patient hier aus innerer Überzeugung zustimmt.

Das gleiche Prinzip, allerdings als Negativbeispiel, finden wir in folgendem kindlichen Sprachspiel:

erste Frage:	„Welche Farbe hat die Tomate?"
erste Antwort:	„Rot."

zweite Frage: „welche Farbe hat die Feuerwehr?"
zweite Antwort: „Rot."
dritte Frage: „Welche Farbe hat das Blut?"
dritte Antwort: „Rot."
vierte Frage: „Bei welcher Farbe gehst Du über die Ampel?"
vierte Antwort: „Rot ???"

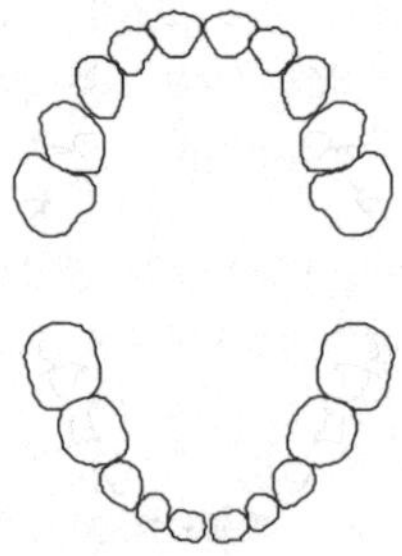

Beispiel Kieferorthopädie:

Kieferorthopädische Behandlungen sind oft langwierig, der therapeutische Effekt stellt sich oft spät ein, so daß der Patient stark motiviert werden muß, um die nötige Behandlung auch durchzustehen. Motivierend sind Zukunftsbilder, in denen alles in Ordnung ist und der Patient sich so (innerlich) sieht, wie er es sich wünscht. Die Gesprächssituation ist besser, wenn es dem Zahnarzt gelingt, die weitere Behandlung an diese Zukunftsbilder zu koppeln.
Ein Beispiel:
Zahnarzt:" Stellen Sie sich vor, wie Ihre Zähne und der ganze Mund nach der Behandlung aussehen werden. Machen Sie ganz kurz die Augen zu und versuchen Sie, das zu sehen ... Wie ist das? ... Können Sie mir beschreiben, wie das aussieht ..."
Hier wird der Patient also in ein Zukunftspanorama geführt, in dem er bereits alle seine Zahnprobleme hinter sich hat. Das wirkt positiv verstärkend.
Ungeschickter wäre es, in der Gegenwart den Patienten mit seinen aktuellen Problemen zu konfrontieren. Auch hierzu ein Kontrastbeispiel:
Zahnarzt:" Bei Ihnen stimmt ja gar nichts mehr im Mund- und Kieferbereich. O je, da muß noch viel gemacht werden, damit das wieder in Ordnung kommt. Das wird, sage ich Ihnen ganz ehrlich, lange dauern, bis das wieder reguliert ist."
Hier wird der Patient mit seinen gegenwärtigen Problemen konfrontiert, ihm wird zusätzlich Angst eingejagt und er wird von oben herab, wie ein kleines Kind, behandelt (infantilisiert). Das ist *motivationsschädigend.*

Beachte bitte folgendes, damit Du dem Patienten hilfst, ein positives Zielbild entwerfen zu können:

Ist der Patient selber überhaupt für eine Veränderung motiviert? (oder ist er fremdmotiviert, wird er zum Beispiel von seiner Mutter, seiner Frau oder anderen Menschen zu einer Veränderung gedrängt?)

Wichtige Fragen:

Welche Sinnessysteme sind die dominanten?

Ist das Zielbild realistisch? (Zähne wie Claudia Schiffer zu haben ist zwar ein schöner Gedanke, aber nicht für jeden realistisch)

☞Deine Aufgabe besteht darin, dem Patienten zu helfen, ein Zielbild zu entwerfen, das er erreichen kann!

Das Meta-Modell

Das Meta-Modell besteht aus einer bestimmten Fragetechnik, mit der Du mittels sehr genauer Fragen sprachliche Ungenauigkeiten und Unebenheiten bereinigen kannst.
Das Meta-Modell verbindet Sprache mit Erfahrung und klärt die Bedeutung einzelner Worte. Um dies genauer zu verstehen, müssen wir einen kleinen Exkurs in die Tiefe unserer Sprache machen:
Wir unterscheiden zwischen Tiefenstruktur und Oberflächenstruktur unserer Sprache.

Die Tiefenstruktur einer Sprache ist unbewußt. Sie ist, vereinfachend ausgedrückt, ein Pool an individuellen Gedanken, Bildern, Empfindungen und Gefühlen. Dieses „Durcheinander“ wird mit Hilfe der Sprache bewußt gemacht. Leider ist unsere Spache oft ungenau, so daß die einzelnen Worte, mit denen wir zum Beispiel bestimmte Gefühle zu beschreiben versuchen, oft diffus in ihrem Bedeutungsgehalt bleiben.
Die Oberflächenstruktur ist die Ebene, auf der wir miteinander mit Sprache kommunizieren. Man erkennt, daß es hier schnell zu Verwirrungen kommen kann. Das Meta-Modell enthält eine Sammlung verschiedener Fragetechniken, mit der es möglich wird, eine Verständigung über komplexe Vorgänge zu erreichen

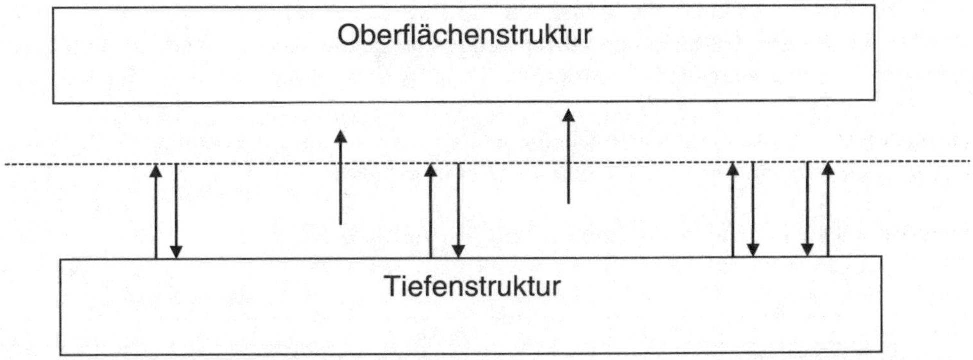

Hierbei wird versucht, mittels bestimmter Fragen Verzerrungen, Tilgungen und Generalisierungen der Sprache zu identifizieren.
Das Meta-Modell spürt Nominalisierungen, unvollkommene Vergleiche, unspezifische

Verben oder Substantive auf und präzisiert Modaloperatoren der Möglichkeit ungenaue Quantifizierungen und für selbstverständlich gehaltene Vorannahmen und Kausalitäten. Was das alles bedeutet, zeigen folgende Beispiele:

Beispiel für eine Nominalisierung:
„Die Behandlung beim Zahnarzt macht mir immer furchtbar Angst."
Das Wort *Behandlung* ist eine Nominalisierung, es leitet sich vom Verb *behandeln* ab.
Die Präzisierung:
Antwort: „Was genau wird überhaupt behandelt? Mit welchen Instrumenten wird behandelt? ..."

Beispiel für einen unvollkommenen Vergleich:
„Ich fühle mich schlecht!"
Antwort: „Schlecht in welchem Vergleich? Gibt es Situationen, wo Sie sich noch schlechter fühlen?"

Beispiel für eine ungenaue Quantifizierung:
„Ich habe immer beim Zahnarzt schreckliche Angst."
Das Wort immer läßt keine Alternative zu.
Antwort: „Wirklich immer, oder gibt es auch Ausnahmen?"
„Haben Sie auch schreckliche Angst, wenn Sie einen anderen Menschen zum Zahnarzt begleiten, ohne daß Sie selber untersucht werden?"

Beispiel für Modaloperatoren der Notwendigkeit:
„Ich muß immer umkehren, wenn ich auf dem Weg zum Zahnarzt bin, ich kann einfach dann nicht weiter ..."
Anwort:" Was würde geschehen, wenn Sie es trotzdem versuchen?"
Ziel hierbei: Aufdeckung der Konsequenzen und möglichen Alternativen.

Beispiel für ungenaue Quantifizierung und Gedankenlesen:
„Alle lachen mich wegen meiner Zähne aus."
Antwort: „Lachen wirklich alle Menschen, die Ihre Zähne sehen?"
„Woher wissen Sie, daß Sie wegen ihrer Zähne ausgelacht werden, sind Sie sicher, daß Sie nicht manchmal angelacht werden?"

Fragen dieser Art weichen starre Glaubenssätze auf und unterbrechen sprachliche Automatismen schnell. Die innere Landkarte erweitert sich.

Meta-Modell-Muster (nach J. 0´Connor und J. Seymour)

Tilgungen	***Fragen***
Unspezifisches Substantiv	"Wer oder was genau ...?"
Unspezifisches Verb	"Wie genau passiert das?"
Vergleich	"Verglichen womit?"
Bewertung	"Wer sagt ...?"
Nominalisierung	"Wie wird das getan?"

Generalisierungen	*Fragen*
Modaloperatoren der Möglichkeit	"Was hält Sie davon ab ...?"
Modaloperatoren der Notwendigkeit	"Was würde passieren, wenn ...?"
Universelle Quantifizierungen	"Immer?", "Nie?", "Jeder?"

Verzerrungen	*Fragen*
Komplexe Äuquivalenz	"Inwiefern bedeutet dies, das ...?"
Voraunahme	"Was veranlaßt Sie dazu zu glauben, daß... ?"
Ursache und Wirkung	"Wie genau bewirkt dies, das ...?"
Gedankenlesen	"Woher wissen Sie, daß ...?"

☝Übung: Meta-Modell

Wende das Meta-Modell an:

Patient	*Zahnarzt*
"Ich habe immer Angst vor dem Zahnarzt."	
"Mein ganzes Leben plage ich mich schon mit meinen Zähnen herum."	
"Wenn ich schon eine Spritze sehe, werde ich ohnmächtig."	
"Keiner schafft es, mich in Hypnose zu versetzen!"	

Indirekte und konversatorische Tranceinduktionen

Du kennst bereits aus dem Z1 Kurs die Ericksonschen Tranceinduktionen, die sich gerade durch ihre Indirektheit auszeichnen. Um Dir den Einstieg in die Welt der indirekten Hypnoseinduktionen zu erleichtern, schaue bitte folgende kleine Zusammenstellung an:

Möglichkeiten mit indirekten Methoden einen Patienten in Trance zu führen:

- Erzähle eine Stellvertretergeschichte, in der ein anderer Mensch oder Du selber in Trance gefallen ist. Das Unbewußte des Patienten wird die unterschwellige Botschaft auf sich beziehen - dadurch erhöht sich die Wahrscheinlichkeit einer sich entwickelnden Trance.

- Erzähle eine Geschichte, in die Du Worte einwebst, die mit der Ausbreitung einer Trance in Zusammenhang stehen. Du kannst diese Worte (Schlüsselworte) mit Deiner Sprache markieren (z.B. anders aussprechen), um sie vom übrigen Sprachkörper abzuheben. Du kommunizierst sozusagen auf zwei Ebenen.

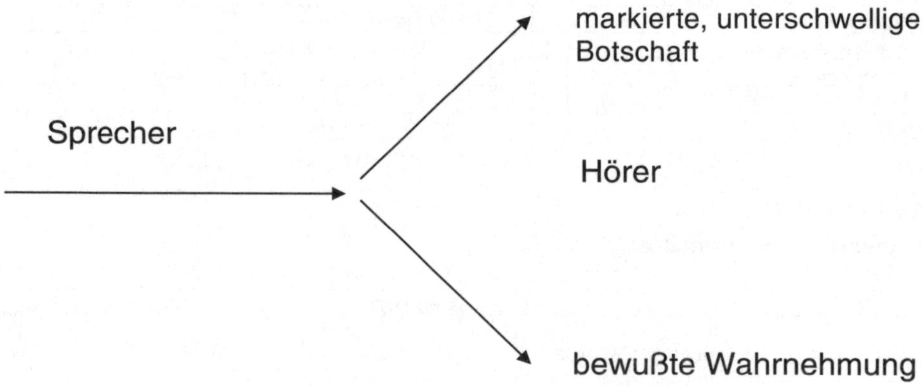

- Erzähle eine Geschichte, in der Du mit Deiner Stimme immer leiser und leiser wirst. Führe den Patienten so auf behutsame Weise in Trance. Achte darauf, daß der Rapport zum Zuhörer aufrechterhalten bleibt, damit er nicht abschweift. Es geht darum, daß der Zuhörer das fehlende Verständnis für die immer leiser werdenden Worte mit seiner Phantasie füllen muß, was eine sich entwickelnde Trance zur Folge haben kann.

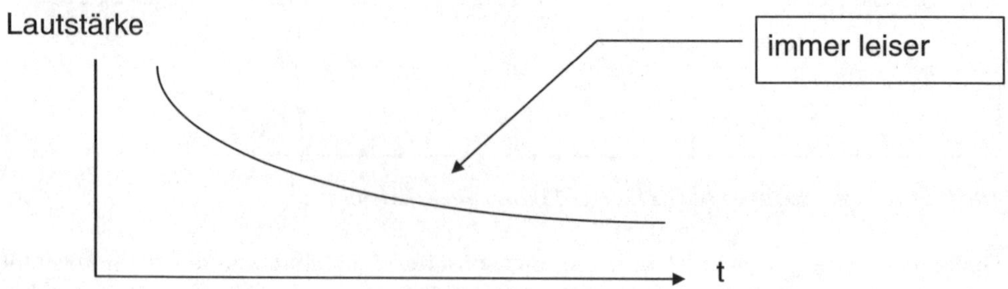

- Eine paradoxe Art, eine Trance zu induzieren: Erzähle davon, daß der Patient <u>nicht</u> in Trance fallen soll, daß er <u>nicht</u> immer tiefer und tiefer fallen soll, sich <u>nicht</u> immer weiter und weiter entspannen soll ... So sprichst Du eine bißchen weiter, und läßt später einfach das Wort *nicht* weg, so daß der Patient dann nicht mehr genau weiß, ob er denn jetzt in Trance fallen soll oder nicht. Die Folge: Eine Konfusion entsteht, die trancefördernden Worte entfalten auf diese, raffinierte Weise ihre Wirkung - der Patient kann so elegant in Trance geführt werden.

Prozeßsprache (Milton-Modell)

Das Milton-Modell ist das genaue Gegenteil des Meta-Modells. Mit unspezifischen Umschreibungen, Ideomen, Paraphrasen, Nominalisierungen und unlogischen Verknüpfungen wird eine Gesprächsatmosphäre erzeugt, in der praktisch jeder in einen leichten Trancezustand gleiten kann. Es wird so ungenau gesprochen, daß sich jeder in jeder Situation angesprochen fühlen kann. Schlage einmal eine Zeitung auf und lies die Horoskopspalte, Du wirst sofort erkennen, welche starke Wirkung das Milton-Modell hat (der Leser hat den Eindruck, daß es immer stimmt).

> ☝Übung: Prozeßsprache
>
> 2 Personen, A = Vorleser, B = entspannter Zuhörer
> A liest den folgenden kleinen Text langsam einem Kollegen B vor, der nicht abgelenkt ist.
>
> „ ... und warum nicht im Hohlspiegel der Erinnerung Stärke zu Schwäche werden lassen und darauf vertrauen dürfen, im Sande der Vergangenheit die äußere mit der inneren Zeit, ... so wie ein lauer Sommerwind Dein Gesicht umstreicht zu verkleistern, ... in der Gewißheit, daß die Stille des Sees in der untergehenden Abendsonne mit dem Gesang der Vögel die Erinnerung weckt, die tief unten im hohen Bewußtsein Dein Unbewußtes zum Träumen bringt, ... indem die Türe zur Kindheit hinter dem Tor zum Erwachsensein sich öffnen darf, ... und der Duft vergangener Erlebnisse noch in der Nase Phantasien beflügelt, die an Wichtigkeit im notwendigen Dasein sich spiegelverkehrt der Wahrheit zuneigen, ... so wie der Spiegel die Vergangenheit im gleißenden Licht des Schattens, durch finsteren Tag hindurch, sei es, daß das Kleinste im Größten, oder das Mächtigste im Mikroskopischen, ... bevor der Tag sich zeitlich zur Vergangenheit neigt und die silberne Zukunft vor dem Unausweichlichen auftaucht, ... ist es nicht die Höhe in der Tiefe, ... das Ganze im Einzelnen, ... die Gedanken des Vergessens, ... im sprudelnden Wasser der Ruhe, im bläulichen Schwimmen unscheinbarer, eisiger Flammen, ... in Phantasie zu blanken Gedanken geronnen, ... zu spiegelglatten Vorstellungen von Bildern veredelt, ... und die Klänge des tosenden Meeres, verblendet im sanften Wiegen unendlicher Freiheit, ... im Schilf undurchdringbaren Dickichts, ... Träume, ... Träume, ... träume, ... träume, ..."
> (nach Gerhard Schütz)

Es empfieht sich, ein paar Standardsätze, die Du mit Hilfe des Milton-Modells entwerfen kannst, auswendig zu lernen. So hast Du immer einer Art Notfallvokabular, das Du schnell und unkompliziert anwenden kannst. Sollte Dir wirklich mal der Gesprächsfaden reißen, so kannst Du sicher sein, daß Du immer ein paar Worte parat hast, die nie falsch sind, das schafft Sicherheit für Dich.

> ☞ Wichtige Hilfe: Dein individuelles Notfallvokabular!

Aktivierung und Utilisation von Ressourcen der Patienten (einfache Ankertechniken)

Das Kernstück moderner Hypnose ist das Einbinden von direkten oder auch schwer erkennbarer Ressourcen des Patienten in den hypnotischen Ablauf. Doch wie findet man nun die Ressourcen, über die der Patient verfügt? Die dem bewußten Denken des Patienten zugänglichen Ressourcen kann man einfach erfragen. Man fragt den Patienten nach seinen Hobbys, seinen Vorlieben oder bestimmten Fähigkeiten. Wie findet man aber nun eher die unterschwelligen Ressourcen? Hierzu ein kleines Beispiel von Erickson:

Erickson behandelte einmal ein 16-jähriges Mädchen, das von seinen Eltern zu ihm geschickt wurde, weil es exzessiv am Daumen lutschte. Hier förderte Erickson die Ressource des Mädchens zu Tage, andere Menschen, wie zum Beispiel Vater und Mutter mit dem Daumenlutschen gehörig ärgern zu können (andere ärgern zu können wird hier als Fähigkeit definiert). Erickson lobte das Mädchen und animierte es, seine Fähigkeiten auch in seinem sozialen Umfeld auszuleben und alle mit dem Daumenlutschen zu ärgern, die den Ärger auch verdient hätten. So setzte das Mädchen seine neu gewonnene, nun bewußte Fähigkeit des Ärgernkönnens anderer ein, in dem es genüßlich am Daumen lutschte. Geschickterweise ließ Erickson sich von den Eltern des Mädchens das Versprechen geben, sich nicht in seine exotische Arbeit als Nervenarzt einzumischen, sonst hätten vermutlich die Eltern hier bereits die Therapie abgebrochen. Da jeder Reiz einmal ausgereizt ist, fand das Mädchen seine neu gewonnene Fähigkeit, Ärgern mit Daumenlutschen, bald uninteressant. In weniger als vier Wochen hatte sie ihr Daumenlutschen aufgegeben.

Bei den eher unterschwelligen Ressourcen fragt man nach den Eigenarten oder Eigentümlichkeiten des Patienten, um sie anschließend für die hypnotische Arbeit zu benutzen.

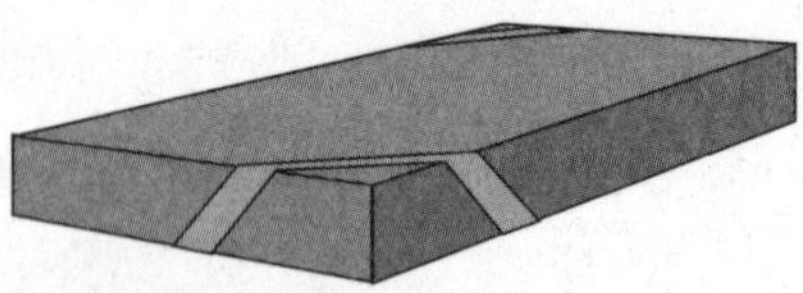

Übung: Ressourcen suchen

Bitte lies folgende kleine Geschichte durch und suche nach Ressourcen von Suppenkaspar:

Die Geschichte vom Suppenkaspar:
Der Kaspar, der war kerngesund,
Ein dicker Bub und kugelrund,
Er hatte Backen rot und frisch;
Die Suppe aß er hübsch bei Tisch.
Doch einmal fing er an zu schrein:
„Ich esse keine Suppe! Nein!
Ich esse meine Suppe nicht!
Nein, meine Suppe ess` ich nicht!“

Am nächsten Tag, - ja sieh nur her!
Da war er schon viel magerer.
Da fing er wieder an zu schrein:
„Ich esse keine Suppe! Nein!
Ich esse meine Suppe nicht!
Nein, meine Suppe ess` ich nicht!"

Am dritten Tag, o weh und ach!
Wie war der Kaspar dünn und schwach!
Doch als die Suppe kam herein,
Gleich fing er wieder an zu schrein:
„Ich esse keine Suppe! Nein!
Ich esse meine Suppe nicht!
Nein, meine Suppe ess` ich nicht!"

Am vierten Tage endlich gar
Der Kaspar wie ein Fädchen war.
Er wog vielleicht ein halbes Lot -
Und war am fünften Tage tot.

(Der Struwwelpeter)

Über welche Ressoucen verfügt wohl unser Suppenkaspar?

Ist es Dir nun geglückt, direkte und indirekte Ressourcen Deines Patienten zu entdekken, so ist es sinnvoll, sie zu ankern, um sie, wenn nötig schnell verfügbar machen zu können. Du kannst auf folgende Weise Zustände verankern:

- Du suchst ein Ankerwort, das zu diesem Zustand paßt.
- Du kannst bildhaft ankern, indem Du einen passenden visuellen Reiz mit dem Zustand verkoppelst.
- Du kannst kinästhetisch ankern, indem Du zum Beispiel den Patienten während seines guten Zustandes an einer bestimmten Körperstelle berührst.
- Auch Geruchs- oder Geschmacksreize können sehr starke Anker sein.

Sehr effektiv sind die Anker, die mit verschiedenen Sinnesreizen verknüpft sind. Achte beim Ankern auch darauf, daß Du zum richtigen Zeitpunkt den Zustand verankerst. Setze den Anker in dem Moment, in dem der Zustand des Patienten an deutlichsten ist.

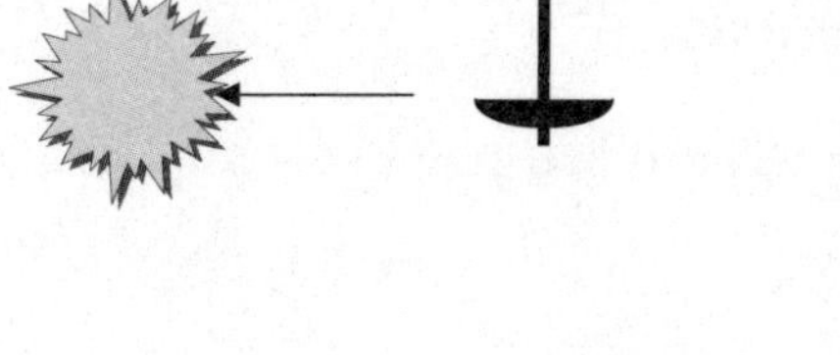

Wahrnehmungsgenauigkeit als aktives Feedbacksystem (verbale und visuelle Zugangshinweise)

Kalibrierung:

Was bedeutet Kalibrierung? Kalibrierung nennt man die Fähigkeit, verschiedene Zustände, in denen sich Menschen befinden, unterscheiden zu können. In der Hypnotherapie oder der Anwendung der Zahnärztlichen Hypnose geht man davon aus, daß es wichtig ist, den Zustand des Patienten sicher über seine nonverbal ausgestrahlten Botschaften zu erfassen. Hat der Patient Angst, so sieht man es häufig an seinen engen Pupillen, den Schweißtropfen auf der Stirn, der Gesichtsblässe, oder man fühlt kalte, feuchte Hände und hört eine gepreßte Stimme.
Anders der neugierige, interessierte Patient:
Er hat weite Pupillen, eine trockene Gesichtshaut, warme Hände und eine eher runde, volle Stimme.
Wir können über die Betrachtung des Zustandes eines Menschen relativ valide seine Empfindungen abschätzen und das ist für jede Kommunikation von großer Bedeutung.

☝Übung: Kalibrieren:

4 Personen, von denen 3 sich nebeneinander stellen und an jeweils unterschiedliche Dinge, wie z.B. folgende denken:
an etwas Aufregendes
an etwas Fröhliches
an etwas Angstmachendes
an etwas Langweiliges
an etwas, das wütend macht
an etwas, das sprachlos macht
an etwas, das erregend wirkt
an etwas, das irritierend wirkt
...
Die andere Person sieht nun nebeneinander die drei „Schauspieler" stehen und soll die entsprechenden Gedanken erraten. Sie muß dazu natürlich genau hinsehen, um vom Äußeren aufs Innere schließen zu können.

Elemente, die das Entstehen von Trance in der Praxis fördern

- Trancefördernde Elemente der Einrichtung und des Wartebereiches in der Praxis:

  ➪ beruhigende Farben im Wartezimmer
  ➪ trancefördernde Bilder an der Wand (Bilder, in die man sich vertiefen kann)
  ➪ sanfte Hintergrundmusik
  ➪ guter Geruch
  ➪ gute Isolierung von Wänden und Türen

- Die Helferin

  ➪ natürliche Freundlichkeit (Achtung: keine Katzenfreundlichkeit)
  ➪ Einfühlungsvermögen
  ➪ Herzlichkeit
  ➪ guter sprachlicher Umgang (bereits am Telefon, während des ersten Kontaktes ausgesprochen wichtig: Der Patient soll das Gefühl haben, daß er willkommen ist. Ganz schlecht: Schnelles Abfertigenwollen des Patienten. Der Patient darf nie das Gefühl vemittelt bekommen, daß er gerade stört und zum falschen Zeitpunkt anruft.)

Deine Helferinnen sind Deine Visitenkarten!

- Das Behandlungszimmer

  ➪ Auswahl verschiedener Musik (Geschmäcker sind verschieden, drücke nicht dem Patienten Deinen Musikgeschmack auf!)
  ➪ vielleicht ein tranceinduzierendes Deckenbild. Die Augen Deines Patienten sind nach oben gerichtet - es bietet sich geradezu an, den Augen etwas Interessantes zu präsentieren. Uns ist eine Zahnarztpraxis bekannt, in der die Patienten an der Decke über dem Behandlungsstuhl ein Labyrinth sehen und auf diese Weise stark abgelenkt werden können.
  ➪ auf die richtige Wortwahl achten, Negationen vermeiden
  ➪ Rapport aufrecht erhalten
  ➪ nicht über, sondern mit dem Patienten sprechen
  ➪ lieber ein wenig langsamer, als zu schnell sprechen
  ➪ kongruente Botschaften senden

Z4: Anwendungen der Zahnärztlichen Hypnose 1

Nutzung von patientenspezifischen Strategien

Die Nutzung der patientenspezifischen Strategien für die Erzeugung von Trance ist deshalb sinnvoll, weil man hierbei ins Denkmuster des Patienten einsteigt und auf diese Weise leicht Trancezustände erzeugen kann. Man bedient sich sozusagen der inneren Sprache des Patienten, um ihn positiv zu beeinflussen.

Sinnesspezifischer Gedankenfluß

Der Gedankenfluß eines Patienten spiegelt meist eine Form unbewußter Gesetzmäßigkeiten wieder, die als Abfolge sinnesspezifischer Elemente verstanden werden kann. Diese inneren, individuellen Sprachgesetze können oft aus wenigen Sätzen, die der Patient mitteilt, herausgehört werden.

Ein Patient sagt z.B.:
„Immer wenn ich <XY> *höre*, werde ich richtig *rasend vor Wut*."
Etwas Gehörtes (A für akustisch) führt bei ihm zu einem starken Gefühl (K für kinästhetisch) (A⇨K). Oder:
„Ich *fühlte*, daß da was nicht stimmte und *sah* plötzlich die volle Wahrheit."
Hier führt eine Empfindung (K für kinästhetisch) zu etwas Visuellem (V für visuell) (K⇨V).
Solche Sätze spiegeln meist einen Teil der allgemeinen Denkstruktur des Patienten wider. Wenn wir dann diesem Menschen etwas Bedeutungsvolles sagen wollen, so können wir auf seine Denkschiene aufspringen und unsere Botschaft in der Struktur seines Gedankenflusses übermitteln. Dem ersten Beispiel entsprechend könnten wir dem Menschen antworten:
„Es ist immer wichtig, auf sich selber zu *hören*, um mit den angemessenen *Gefühlen* antworten zu können (A⇨K)."
Beim zweiten Beispiel könnte eine Botschaft folgendermaßen aussehen:
„Wenn man seinen *Gefühlen* voll vertraut, hat man meist das Wesentliche *im Blick* (K⇨V).
Manche Satzstrukturen sind natürlich komplizierter, als hier dargestellt. Sie enthalten eine ganze Kette aufeinanderfolgender sinnesspezifischer Faktoren. Wenn Du Deine Gespräche auf Band aufnimmst und sie langsam abhörst, kannst Du kompliziertere Strukturen leicht erkennen. Du wirst dann wahrscheinlich beim weiteren Abhören feststellen, daß Dein Patient in ähnlichen Situationen ähnliche Sprachmuster benutzt.

Reaktivierung einer zurückliegenden Trance

Bei dieser Methode wird der Patient gebeten zu erzählen, wie sein letztes Tranceerlebnis war (das geht natürlich nur, wenn der Patient ein Erlebnis berichten kann). Dann merkt man sich ein paar Schlüsselwörter in den unterschiedlichsten Wahrnehmungskanälen und streut sie, direkt oder ganz beiläufig, ins Gespräch ein. Die Gefühle (oder der Zustand) des letzten Trancezustandes werden also mit dieser Methode aktiviert um einen ähnlichen Zustand, wie den letzen Trancezustand zu erreichen.

☝**Übung:** Sinnesspezifische Schlüsselworte

Zwei Personen: A=Hypnotiseur, B=Versuchsperson
B erzählt A von seinem letzten Tranceerlebnis. A notiert sich verschiedene Schlüsselworte (unspezifische, visuelle, akustische, kinästhetische, olfaktorische und gustatorische auf der folgenden Liste). Dann versucht A, B in Entspannung zu versetzen und streut behutsam seine aufgeschriebenen Worte ins entspannende Gespräch ein. B berichtet nach der Trance, wie es für ihn war.

visuell	akustisch	kinästhetisch	olfaktorisch	gustatorisch	unspezifisch

Ressourcen finden, die sich in eine aktive Hypnose einbauen lassen

Für einen chirurgischen Eingriff gilt folgendes Schema:

Tranceverlauf

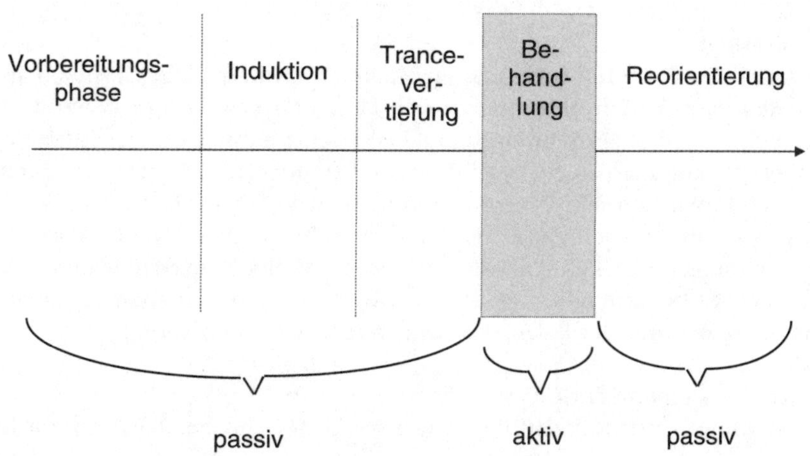

In der Phase der Behandlung ist es gut, den Patienten aktiv abzulenken. Wenn er z.B. in seiner Freizeit gerne Fußball oder Basketball spielt, oder einem anderen aktiven Sportvergnügen nachgeht, so suggeriere, daß er sich in seiner Sportart anstrengen soll. Ermuntere ihn zum Beispiel, ganz schnell zu laufen, um unmögliche Bälle zu bekommen oder treibe ihn an, einen Gegner ganz eng zu decken.

Angstpatienten

Systematischer Umgang mit dem Angstpatienten

Um Dir den Umgang mit ängstlichen Patienten zu erleichtern, kannst Du Dich an folgenden Punkten orientieren:

- Pacing und Leading:
  Pace die Angstreaktionen des Patienten in seinen verschiedenen Sinneskanälen (VAKOG) und führe ihn dann vorsichtig in einen stabileren Zustand (Leading).

- Vorgespräch, Ablauf klären:
  Erkläre dem Patienten, was er zu erwarten hat und kläre ihn über schwierige Behandlungsabschnitte auf. Achte bitte auf positive Aussagen.

- Notbremse:
  Du kannst mit ängstlichen Patienten ein Stopsignal vereinbaren (siehe auch Z4: Ampelinduktion), so daß der Patient das Gefühl hat, daß er aktiv am Behandlungsgeschehen teilnehmen kann; er kann dann zum Beispiel einfach seine Hand haben und damit signalisieren, daß die Behandlung unterbrochen werden soll.

- Anleitung zur Selbsthypnose:
  Der Patient wird von der Hypnoseassistentin mit verschiedenen Formen der Selbsthypnose (Autogenes Training, Muskelrelaxation) vertraut gemacht und beraten, welche Tonbänder oder CD's er zu Hause hören kann.

- Symbolarbeit:
  Die Angst des Patienten kann man in einem vertrauensvollen Gespräch als Symbol darstellen lassen. Man bittet hierzu den Patienten, seine Angst bewußt zu spüren und suggeriert, daß ein Symbol auftauchen könnte. Entwickelt der Patient ein Angstsymbol, so kann man es einer submodalen Veränderung unterziehen und somit die Angst abschwächen. Ein Patient auf dem Behandlungsstuhl berichtete, daß seine Angst wie ein grau-schwarzer Schleier, bleischwer über seinem Körper liege. Er wurde dann gebeten sich vorzustellen, wie der Schleier langsam leichter werde und zusätzlich Farbe annehme. Das konnte der Patient in begrenztem Umfang relativ schnell erleben mit der Folge, daß seine Angst sich reduzierte.

- Prinzip der kleinen Schritte:
  Oft berichten Patienten, daß ihre Angst vor dem Zahnarzt damit zu tun hätte, daß

ihnen Schmerzfreiheit zugesichert wurde, es aber trotzdem weh getan hat. Macht ein Patient mehrmals hintereinander so eine Erfahrung, dann wird er immer mißtrauischer, bis er schließlich den Aussagen des Zahnarztes keinen Glauben mehr schenkt. Kinder haben normalerweise vor ihrem allerersten Zahnarztbesuch keine oder nur geringe Angst. Das ändert sich allerdings schnell, weil mit zunehmender Erfahrung in einer Zahnarztpraxis die Angst sich verstärkt. Angst ist hier das Produkt von Lernerfahrungen. Manche erwachsenen Angstpatienten berichten von traumatischen Erlebnissen, die sie mit einem Zahnarztbesuch verbinden wie: Festgeschnallt sein auf dem Behandlungsstuhl oder eine gewaltsam herbeigeführte Narkose.
Es ist wichtig, mögliche Auslöser der Angst zu kennen, um sie, wenn möglich, zu verändern.

☞ Mögliche Angstauslöser sind:

- mangelndes Eingehen auf die Bedürfnisse des Patienten
- volles Wartezimmer, Hektik, lange Wartezeiten
- Behandlung ohne daß die Spritze wirkt (mangelndes Feedback)
- Traumatische Erlebnisse bei früheren Zahnarztbesuchen
- zu grelles Licht
- typischer Geruch CHKM, Desinfektionsmittel
- Kneifen von Zunge, Backe, Lippe
- Zahnarzt hektisch mit Schweißperlen auf der Stirn
- Patient weiß nicht, worauf er seine Augen richten soll
- Vibrationen des Bohrers
- dünne Wände, Bohrgeräusch aus Nachbarzimmer
- fehlende Ablenkung bei Langzeitbehandlung
- falsche zahnärztliche Beratung
- angstauslösende Gegenstände im Blickfeld des Patienten (Spritze, Bohrer, Nadel)

- Hypnotherapie und Hypnoanalyse:
  Bei schweren Ängsten mit einer langen Geschichte kann es sinnvoll sein, den Patienten zu einem Psychotherapeuten zu überweisen, der in den Verfahren der Hypnotherapie oder der Hypnoanalyse ausgebildet ist. Die Adressen von entsprechenden Kollegen bekommst Du bei jeder Regionalstelle der DGZH.

- Six-Step-Reframing: ein Verfahren aus dem Neurolinguisitischen Programmieren, in dem in sechs Schritten ein Symptom (hier die Angst) in eine Ressource verwandelt werden kann (siehe Z5: Six-Step-Reframing).

Eye Movement Desensitisation and Reprocessing (EMDR)

Eine neue und sehr effektive Methode, Patienten mit belastenden Gedanken und Vorstellungsinhalten (und den damit verbundenen angstvollen Gefühlen) zu helfen ist die von Frau Dr. Shapiro entwickelte Methode der Eye Movement Desensitisation and Reprocessing, kurz EMDR genannt. Durch Zufall hatte Shapiro während eines Spaziergangs entdeckt, daß stark störende Gedanken und Vorstellungsbilder plötzlich ver-

schwanden. Sie forschte nach und fand eine Erklärung in folgendem Phänomen: Während die störenden Gedanken sich ihr aufdrängten, hatten sich ihre Augen unwillkürlich schnell hin und her bewegt. Sie experimentierte mit ihre Entdeckung im Freundeskreis und bei freiwilligen Versuchspersonen weiter, bis sie sie schließlich als Therapie bei Patienten anwendete.
Der Indikationsbereich umfaßt Störungen wie posttraumatische Streßbelastungen (beispielsweise bei Soldaten des Vietnam- und Golfkrieges), traumatische Erfahrungen (Sexueller Mißbrauch, Katastrophenerlebnisse), aber auch zunehmend Störungen wie: belastende Gedanken und Kindheitserlebnisse, psychosomatische Beschwerden und Angstzustände. In verschiedenen Untersuchungen konnte die Wirkung dieser Methode belegt werden.
Wie sehen nun die Schritte im einzelnen aus:

1. Der Therapeut stellt eine vertrauensvolle Atmosphäre her, in der der Patient sich angenommen fühlt.

2. Der Patient wird über die Technik des EMDR aufgeklärt, so daß er die Zusammenhänge verstehen kann.

3. Dann wird der Patient gebeten sich auf das quälende Ereignis (oder die Angst) zu besinnen und zwar folgendermaßen:

   a) Der Patient wählt aus seiner problematischen Erfahrung ein <u>repräsentatives Bild</u> heraus, das stellvertretend für andere, ähnliche Erfahrungen ist (zum Beispiel: Bild wie er einmal von einem Zahnarzt während der Behandlung festgehalten wurde).

   b) Dann wird er dazu ermutigt, ein oder mehrere <u>Worte</u> zu finden, die dieses problematische Erleben charakterisieren (zum Beispiel: Bohrer, grelles Licht)

   c) Der Patient soll daraufhin das typische <u>Gefühl</u> in seinem Körper spüren, das mit dem problematischen Erleben verbunden ist (hier vielleicht: Körper ist erstarrt und zusammengedrückt).

4. Die Intervention: Der Therapeut führt, während der Patient sich sein problematisches Erleben vergegenwärtigt, im Abstand von etwa 30 Zentimetern vor dem Gesicht des Patienten einen Finger vom linken zum rechten Gesichtsfeld und wieder zurück. Mit den Augen und in einer ruhigen Kopfstellung folgt der Patient dem Finger des Therapeuten, der etwa 24 Mal in 20 bis 25 Sekunden hin und her bewegt wird. Der Patient wird hernach gebeten, über seine Erfahrungen zu berichten und gegebenenfalls folgen weitere Desensitationsübungen.

Diese therapeutische Intervention ist sehr wirkungsvoll - manchmal kann bereits in nur einer Sitzung eine deutliche Besserung auftreten, es können aber auch drei oder vier Sitzungen notwendig sein.

Bei posttraumatischen Streßbelastungen sehen die Auswirkungen folgendermaßen aus:

-Dauerhafte Reduzierung der Angst
-Änderung der Bedeutung, die dem belastenden Erlebnis beigemessen wird
-Aufhören der sich aufdrängenden, belastenden Gedanken

Bisher ist noch nicht eindeutig geklärt, auf welche Weise die Augenbewegungen die starken Zustandsveränderungen herbeiführen können. Spekuliert wird, ob es eine hemmende Wechselwirkung von starken Ängsten und schnellen Augenbewegungen gibt und ob die schnellen Augenbewegungen über eine Aktivierung parasympathischer Funktionen die Informationsverarbeitung und Desensitisierung ermöglichen.
(Lit.: Shapiro, F.: Eye Movement Desensitisation and Reprocessing. NY 1995,)

☝Übung: EMDR

Drei Personen: A = Hypnotiseur, B = Versuchsperson (Patient), C = Beobachter
B soll sich eine belastende Situation seines Lebens vergegenwärtigen. A versucht, wie oben beschrieben über die Technik der schnellen Augenbewegungen die belastenden Bilder oder Vorstellungen abzumildern. Eventuell mehrere Versuche machen. C beobachtet und gibt Feedback.

Angstanamnesefragebogen

(Quelle: mündliche Mitteilung von Referenten der Universität Amsterdam an Dr. Albrecht Schmierer auf der Jahrestagung der ISH 1988 in Den Haag)

1. Wie lange haben Sie schon Angst vor dem Zahnarzt?
   Was ist Ihre erste (schlechte) Erinnerung an den Zahnarzt?
   Was ist dadurch passiert? Wie lange sind Sie nicht mehr beim Zahnarzt gewesen?
2. Wie denken Sie, daß Sie so ängstlich geworden sind?
   z.B. durch:
   - Geschichten anderer
   - lange, schmerzhafte Behandlungen
   - Angst vor Injektionen
   - Angst vor dem Bohren
   - Angst vor allen Instrumenten
   - Abneigung vor fremden Händen im Mund
   - nicht zu wissen, was kommen und geschehen wird
   - unhöfliches und hartes Auftreten des Zahnarztes
   - Abneigung gegenüber allen Ärzten
3. Wie äußert sich Ihre Angst bei Ihnen?
4. Haben Sie auch Angst zum Allgemeinarzt zu gehen?
5. Was hat der Zahnarzt gegen die Angst getan?
6. Was hat der Arzt gegen die Angst getan (Hilfe gesucht beim Psychologen, Psychiater)?
7. Was haben Sie selbst gegen Ihre Angst getan?
8. Haben andere Familienmitglieder auch Angst vor dem Zahnarzt? Vater, Mutter, Bruder, Schwester, Ehepartner, Kinder?

9. Wie oft putzen Sie Ihre Zähne?
10. Was erwarten Sie von Ihrem Gebiß? Was würden Sie am liebsten mit Ihren Zähnen machen?
11. Wollen Sie selbst noch etwas fragen?
12. Was denken Sie, ist Hypnose?
13. Was für Hobbys haben Sie?

Umetikettieren der Angst

Eine Möglichkeit, wie Du mit der Angst Deines Patienten umgehen kannst, ist die Technik des Umetikettierens der Angst.
Stelle die Angst Deines Patienten als persönliche Leistung dar:

Beispiel: Patient liegt auf dem Behandlungsstuhl, hat eiskalte Hände und Schweißperlen auf der Stirn.
Zahnarzt zum Patienten:
„Erstaunlich, welche Energie ihnen ihr Körper zur Verfügung stellt, um Ihre Lage hier auf dem Stuhl wohl überstehen zu können (=Pacing). Wie würde es sich wohl anfühlen, wenn ihr Körper damit beginnt, diese bereitgestellte Energie in Entspannung umzuwandeln!? (=Leading)“

☞Angst des Patienten nie ausreden oder verniedlichen, sondern sie als Leistung darstellen, umdeuten.

☞Angst des Patienten so darstellen, daß sie als änderbar erfahren werden kann. Angst nicht so darstellen, daß sie wie von außen (wie ein Unwetter) kommt. Dann ist man ihr hoffnungslos ausgeliefert.

Paradoxer Umgang mit der Angst

Angst des Patienten loben (Achtung, daß der Rapport nicht leidet) und Patienten animieren, in aller Ruhe noch ein wenig mehr Angst haben zu dürfen (Erzeugung einer neuen Fähigkeit oder das Spiel mit der eigenen Angst. Folge: Gewohnheitsmuster werden durcheinandergewürfelt, Konfusion entsteht, der Patient macht eine neue Erfahrung).

Beispiel:
„Wenn Sie jetzt einmal Ihre Augen zumachen und in aller Ruhe versuchen, Ihre Angst zu fühlen und sie dann vorsichtig stärker werden lassen, ... dann können Sie sie auch abschwächen, ... Sie müssen sich lediglich merken, wie Sie Ihre Angst verstärkt haben, und dann versuchen, das innere Vorzeichen umzudrehen, ... Versuchen Sie das einmal, aber lassen Sie sich bitte viel Zeit dafür ...“

Diese Aufforderung ist auf zweierlei Weise paradox:

1. Die Angst wird als Leistung dargestellt und damit wird sie für den Patienten handhabbar.
2. Der Patient wird gebeten, in aller Ruhe mit seiner Angst zu experimentieren, was beim besten Willen nicht geht. Denkt der Patient über diese merkwürdige Aufforderung nach, so hat er bereits einen Teil seiner Angst aufgegeben, und ist mit dem beschäftigt, was er machen soll.

☝Übung: Angst verwandeln

Drei Personen: A = Hypnotiseur, B = Versuchsperson (Patient), C= Beobachter
B soll sich eine Situation vorstellen, in der er Angst erlebt hatte (z.B. bei einer Prüfung). A greift diese Angst auf und bittet B, das Gefühl der Angst noch stärker werden zu lassen (loben, wenn B das schafft). Dann Umwandlung der Angst durch gezielte Suggestionen, z.B.:
„Stell dir vor, diese enorme Energie aus deinem Körper beginnt damit, sich behutsam in Entspannung zu verwandeln."
Hier: Genaue Beobachtung von B und jedes Zeichen der Entspannung des Körpers loben. C beobachtet. B berichtet nach der Intervention, wie er es erlebt hat.

Schmerztherapie

Die in den letzten Jahren zunehmenden Erkenntnisse über die Wechsel- und Nebenwirkungen von chemischen Anästhetika haben das Interesse an den verschiedenen Möglichkeiten nicht-medikamentöser Schmerzbehandlung wieder geweckt. Zunehmend kommen Patienten in die Praxen, die sich nach alternativen Behandlungsmöglichkeiten erkundigen. Die folgende Tabelle gibt einen Überblick über die Möglichkeiten hypnotischer Schmerzinterventionen:

(in Anlehnung an Dr. Albrecht Schmierer, Einführung in die Zahnärztliche Hypnose, Quintessenz-Verlag 1993)

Rapport:	durch Pacing: das muß Ihnen sehr weh getan haben, Sie plagen sich schon so lange herum ...
Analgesie:	Suggestionen wie: taub, kalt, pelzig, ledrig, Handschuh gefühllos, wie eingeschlafen, holzig, leer, wie fremd, weit weg
Dissoziation:	sich von außen betrachten, neben sich stellen, einen Körperteil als fremd empfinden, sich auf ein anderes Körperteil (z.B. Solarplexus) konzentrieren, einen Schalter umlegen, von rotem auf grünes Licht umschalten, Mutter achtet nur auf Kind und vergißt eigene Schmerzen, andere Ablenkungen, Links/Rechtsunterschied

Verschiebung:	Verlagerung in die Peripherie, z.B. den Schmerz an den Nägeln brennen lassen
Zeitverzerrung:	Schmerzzeit verkürzen, schmerzfreie Zeit verlängern, Erinnerungen an schmerzfreie Zeit anregen
Qualitätsveränderungen:	statt stechend - kitzelnd statt bohrend - leichter Druck, Berührung
Konfusion:	Doppelinduktion, Ablenkung (was macht mehr Angst, z.B. imaginierter Tiger unterm Bett lenkt von Schmerzen ab): was ist eigentlich gut an Deinem Schmerz?
Endomorphine:	durch Beispiele Ausschüttung anregen, z.B. Jogging, Unfall
Posthypnotische Suggestionen	Ich-Stärke ankern; immer wenn der Schmerz kommt, tief in den Bauch atmen; den Körperteil pelzig machen, in kaltes Wasser tauchen; Anker setzen für selbsthypnotische Schmerzfreiheit
Schmerzkassetten	individuell für den Patienten hergestellte oder käufliche Kassetten

Indikationsbereich für hypnotische Schmerzbeeinflussung

Zwar stehen heute gute und wirksame Anästhetika zur Verfügung, dennoch sind in Ausnahmefällen Eingriffe ohne chemische Anästhesie indiziert.
Bei Patienten, bei denen durch pharmakologische Anästhesie ein Risiko von Herz-Kreislauf-Reaktionen besteht, bei allergischen Erscheinungen auf Lokalanästhetika oder wenn eine Anästhesie versagt hat. Die wichtigste Indikation ist jedoch die, wenn der Patient aus freien Stücken eine hypnotische Behandlung verlangt.
Kontraindiziert ist meist eine ausgeprägte Angst vor chirurgischen Eingriffen allgemein. Hier ist es sinnvoll, den Patienten zum Abbau diese Angst zunächst zum Psychotherapeuten zu schicken, bevor man mit der hypnotischen Anästhesie beginnt. Auch Patienten, die sich nicht konzentrieren können, unter starken Medikamenten stehen oder unter schweren psychischen Störungen leiden, sollen nur von sehr erfahrenden Hypnotiseuren behandelt werden.
Wenn der Patient stimmig sagt, daß er sich eine Behandlung unter Hypnose vorstellen kann, so ist das das beste Auswahlkriterium. Er ist dann sehr wahrscheinlich dafür geeignet, eine Anästhesie ohne chemische Beigabe erleben zu können. Praktisch jeder Eingriff in der Zahnmedizin kann ohne chemische Anästhesie durchgeführt werden.

Vorteile der hypnotischen Anästhesie:

- Vermeidung chemischer Gewebsirritationen
- keine Durchblutungsstörungen
- kaum Nachbeschwerden
- kaum Schwellungen
- Eingriff oft schnell vergessen (Amnesie)

Nachteile der hypnotischen Anästhesie:

- erhöhter Zeit- und Konzentrationsaufwand
- Risiko, daß vollständige Anästhesie mißlingt (erzeugt Streß)
- höhere Belastung für den Behandler (doppelter Zeitaufwand)
- Kosten (nicht jeder Patient kann sich eine hypnotische Behandlung leisten)

Wie in Trance der „Schmerz" wahrgenommen wird

1. Die Angst vor Schmerzen wird in der Tiefenentspannung abgebaut.
   Der Teufelskreis:
   Schmerz ⇨ Angst ⇨ Muskelspannung ⇨ erhöhter Schmerz ⇨ erhöhte Angst ⇨...
   wird in dem Zustand der parasympathischen Reaktionslage unterbrochen. Bei ruhigem Kreislauf und tiefer Bauchatmung kommt es nicht zu einem Aufschaukeln der Schmerzempfindungen durch Verkrampfungen. Der Patient wird animiert, sich auf positive Eindrücke (Bilder, Geräusche, Gefühle ...) zu konzentrieren mit der Folge, daß ein Schmerzreiz nicht mehr die typische Angst erzeugt, sondern vollkommen anders (positiv) verarbeitet werden kann.

2. Die Wahrnehmung der Schmerzen ist verändert:
   Patienten berichten manchmal, daß sie durchaus Schmerzen während der Behandlung empfunden hatten. Je geringer die Hypnosetiefe, desto aktiver muß der Patient mitarbeiten, um dem Schmerz ⇨ Angst Teufelskreis zu entfliehen. Aktive Vorstellungsbilder (Sport, körperliche Anstrengung), tiefere Atmung und verstärkte Konzentration tragen dazu bei, daß sich der Patient leichter dissoziieren kann. Je mehr er sich in allen seinen Wahrnehmungskanälen dissoziieren kann, desto weniger Schmerzen wird er empfinden.
   Bei einer mittleren Trancetiefe erlebt der Patient die Behandlung etwa so:
   „Ja, da war schon ein Gefühl und eigentlich hätte es auch weh tun müssen, aber die Szene mit dem blauen Meer und dem goldgelben Sandstrand war so beeindrukkend, daß ich da nicht weg wollte."
   In einer tiefen Trance empfindet der Patient keinerlei Schmerzen, er hat oft den Eindruck, daß er gar nichts mitbekommen hat. Nach unserer Einschätzung sind etwa 10-15% aller Patienten fähig, einen tiefen Trancezustand erreichen zu können.

3. Beeinflussung der Schmerzwahrnehmung:
   Die Schmerzwahrnehmung ändert sich durch Suggestionen, die eine Qualitätsveränderung des Schmerzes zur Folge haben. Statt stechend sagt man *kitzelnd*, statt Schmerz *Gefühl*. Außerdem kann der Patient dazu ermuntert werden, z.B. eine passende Farbe (oder einen Klang) zu finden, die zu dem Schmerzreiz paßt und die zur Veränderung des Schmerzes herangezogen werden kann. Dadurch wird die Phantasie des Patienten angeregt, was wiederum einer weiteren Ausbreitung seiner Angst entgegensteuert.
   Aktive Vorstellungsbilder fördern die Endorphinausschüttung und daraus resultiert wahrscheinlich das Hochgefühl, von dem viele Patienten nach der Hypnose berich-

ten. Der „Schmerz" wird in Trance zu einer Art interessanten Erfahrung, die entkoppelt von den bekannten Angstreaktionen erlebt wird. Hierdurch öffnet sich der Zugang zu den Ressourcen der Selbstheilung.

Praktische Möglichkeiten der Schmerzbehandlung

Schmerzskala

Der Patient wird gebeten, eine Schmerzskala zu entwerfen (oder zu zeichnen), die den Schmerz von 0% (=kein Schmerz) bis 100% (=extremer Schmerz) abbildet. Zu Beginn der Sitzung wird er gebeten, seine aktuelle Schmerzempfindung auf der Skala einzuordnen. Der Patient soll dann versuchen, seinen Schmerz so deutlich wie möglich zu beschreiben. Hier ist es manchmal notwendig, hartnäckig nachzufragen, um ein differenziertes Bild seiner Schmerzen zu bekommen (z.B.: Ist der Schmerz eher brennend, dumpf, spitz, fressend? Sitzt er in der Tiefe oder an der Oberfläche? Was beeinflußt den Schmerz, das Wetter, die Haltung, Gedanken, bestimmte Tageszeiten ...?) Oft führt diese Art des Nachfragens dazu, daß sich der Schmerz dadurch automatisch vermindert. Anschließend soll der Patient seinen Schmerz wieder auf der Skala einschätzen.
Der Patient kann dazu angeregt werden sich vorzustellen, welche Faktoren seinen Schmerz vergrößern könnten (Gedanken, Körperstellungen). Er soll dann genau darstellen, welche Veränderungen er als Intensivierung des Schmerzes erlebt und einen Wert in der Skala angeben.
Die Skala dient auch dazu, mit dem Patienten zu erörtern, welchen Grad der Verminderung er als Erfolg ansieht. Das differenzierte Vorgehen erlaubt es dem Patienten, seinen Schmerzen gegenüber sensibler zu werden und dadurch schrittweise seine Symptomatik verändern zu können.

Anästhesiesuggestionen

Die klassische Anästhesiesuggestion ist die Handschuhanästhesie (siehe Z4 unter Kapitel Ideomotorik). Die Hand des Patienten wird durch gezielte Suggestionen und Stellungen (Hand oben) kühl, taub und pelzig gemacht und soll dann dieses Gefühl auf die zu behandelnde Stelle am Mund/Kiefer übertragen. Nicht immer ist Kälte das Mittel der Wahl der Behandlung. In einigen Fällen kann Wärme das Gefühl sein, das den Schmerz mindert (vorher klären).

Bilder malen

Manchmal kann es sinnvoll sein, wenn Du Deinen Patienten bittest, seinen Schmerz einmal zu malen oder zu zeichnen. Du kannst dann mit Deinem Patienten dieses Bild besprechen und ihn dazu ermutigen, seinen Phantasien freien Lauf zu lassen. Oft bekommt man dadurch wertvolle Hinweise, die das Schmerzerleben verständlicher werden lassen.

Reise ins Zentrum des Schmerzes

Der Patient wird in Trance dazu ermutigt sich vorzustellen, wie er immer kleiner und kleiner wird, bis er schließlich damit beginnt, durch eine Pore seiner Haut in sein Körperinneres zu steigen. Ihm wird suggestiv nahegelegt, immer näher und näher zu dem Zentrum seines Schmerzes zu gehen. Dann kann er dazu angehalten werden, wie ein kleiner Junge oder ein kleines Mädchen, ohne Voreingenommenheit, sich dort umzuschauen und sich überraschen zu lassen, was passiert. Eine etwa 45-jährige Patientin mit immer wiederkehrenden Migräneattacken (ohne organischen Befund) fand sich in Trance plötzlich in ihrem Hinterkopf wieder. Dort erlebte sie sich als kleines Mädchen, mitten im Zentrum ihres Kopfschmerzes. Sie hatte einen langen, silbernen Löffel und kämpfte damit gegen ein Ungeheuer, das sie als riesiges, schwarzes Insekt beschrieb. Dieses Erlebnis hatte sie mehrmals hintereinander, bis ihr plötzlich klar wurde, daß das Insekt ihre Mutter verkörperte, von der sie sich noch nicht emanzipieren konnte. Anschließend fing sie an, sich mit ihrer Mutter auseinanderzusetzen mit der Folge, daß sich die Migräneanfälle qualitativ und quantitativ reduzierten.

Dialog mit dem Schmerz

Patienten, die akustisch veranlagt sind, kann man in Trance dazu anleiten, mit ihrem Schmerz in einen inneren Dialog zu treten:
„Stellen Sie sich einfach vor, daß, während Sie sich auf die Quelle Ihres Schmerzes konzentrieren, der Schmerz mit Ihnen zu sprechen anfängt, ... lassen Sie sich Zeit dabei, ... lauschen Sie, und lassen Sie sich überraschen, was Ihr Schmerz, könnte er sprechen, Ihnen wohl zu sagen hätte, ... seien Sie einmal ganz leise, und horchen Sie, ... pssst, ..."
Wenn der Patient etwas hören sollte (eventuell nachfragen), dann kann man ihn bitten, seinen inneren Gesprächspartner zu fragen, ob er nicht einen guten Rat wisse, was geschehen müsse, daß der Schmerz sich reduziert oder ganz auflöst.

Schmerztherapie-Schema

Das folgende Schema soll den Ablauf und die Methoden der Schmerztherapie in Hypnose zusammenfassen (in Anlehnung an Dr. Albrecht Schmierer):

1. <u>Anamnese</u>
2. <u>Den Patienten die Veränderbarkeit des Schmerzes erleben lassen</u>
    - Schmerzskala
    - Symbol für den Schmerz erarbeiten und verändern:
      „Was wäre Ihr Schmerz, wenn er ein (Instrument, Tier, Pflanze, Gegenstand, Mensch) wäre? Wie ist dann seine Farbe, läßt sie sich ändern? Wie fühlt es sich an, weich oder hart, groß oder klein, spitz oder dumpf, oberflächlich oder tief? ..."
3. <u>Selbstverantwortlichkeit des Patienten für den Schmerz herstellen</u>
    - Bilder malen
    - Selbsthypnose mit Schmerzkassette
    - Selbstbeobachtung (Tagebuch über Schmerz führen)

4. <u>Behandlungsziel definieren, kurzfristig/langfristig</u>
   - Schmerzskala
   - wie ändert sich das Leben, wenn X% weniger Schmerz gefühlt wird?
   - Schmerz exakt beschreiben
5. <u>Hypnotische Schmerzbewältigung</u>
   - Autogenes Training:
     „Wenn Sie es schon können, bitte auch tun. Wenn Sie es durch Ihre Beschwerden nicht mehr können, gelingt es Ihnen nach diesem Band wieder. Wenn Sie es nicht kennen, lernen Sie mit Hilfe dieser Kassette ein dem Autogenen Training verwandtes Verfahren, das bei diesem Beschwerdebild effektiv hilft.
   - Pacing: „Das muß Ihnen bestimmt sehr weh tun, Sie plagen sich schon lange damit herum."
   - Analgesie: taub, pelzig, kalt, ledrig, Handschuh ...
   - Dissoziation: Sich von außen betrachten, neben sich stellen, einen Körperteil als fremd empfinden, sich auf ein anderes Körperteil (z.B. Solarplexus) konzentrieren, Schmerz über Schalter umstellen, Ablenkung, Schmerz von einem Körperteil auf ein anderes verschieden, Verlagerung des Schmerzes in die Peripherie
   - Zeitverzerrung:
     Schmerzzeit verkürzen, schmerzfreie Zeit verlängern, Erinnerungen an schmerzfreie Zeiten aktivieren
   - Qualitätsveränderung:
     statt stechend, kitzelnd - statt bohrend, leichter Druck, Berührung
   - Konfusion
     Doppelinduktion, Ablenkung (was macht mehr Angst, z.B. ein Tiger vor dem Fenster, eine Klapperschlange auf der Toilette, eine Ratte in der Küche ...)
   - Reise ins Körperinnere
   - Endorphinausschüttung anregen, z.B. Jogging, Unfall
   - Posthypnotische Suggestionen
   - Schmerzumwandlungsmechanismus ankern:
     immer dann, wenn der Schmerz auftritt, tief in den Bauch atmen, den Körperteil pelzig machen, in kaltes Wasser tauchen
6. <u>Regelmäßige Nachkontrolle</u>
   - Schmerzskala

Praktische Beispiele der Schmerzbeeinflussung

Die Schaltzentrale

Die folgende Übung kann Deinem Patienten helfen, sein Ausgeliefertsein und seine Hilflosigkeit zu überwinden.
Schmerzen sind dann ausgesprochen unangenehm, wenn man ihnen machtlos gegenübersteht. Um diese Hilflosigkeit zu verringern, kannst du Deinen Patienten in Trance anregen, mit seinen erlebten Schmerzen zu experimentieren. Das ist natürlich nur dann möglich, wenn die Schmerzen nicht zu stark sind und Dein Patient Deinen Anregungen folgen kann.

- Die Schaltzentrale

Erzeuge ein Bild von einer Schaltzentrale im Gehirn, in der der Schmerz weitergeleitet wird. In dieser Zentrale gibt es eine große Schalttafel mit vielen verschiedenartigen Knöpfen und Reglern, über die der Schmerz beeinflußt werden kann. Rege Deinen Patienten an, mit den verschiedenen Knöpfen und Reglern zu experimentieren und gleichzeitig auf die Schmerzen im Körper zu achten:
„... und während Sie sich gönnen, einfach in Trance zu gleiten, ohne wissen zu müssen, wann die Trance sich in eine richtige Trance verwandelt, dürfen Sie sich vorstellen, eine große Schaltzentrale zu sehen

<laß Dir das von Deinem Patienten bestätigen>

... hier werden Ihre Körperempfindungen und Gefühle wie auf einer großen Straßenkreuzung umgeleitet, ... gestaut, ... durchgelotst, ... aufgehalten, ... gestoppt, ... wie im Traum, ... und lassen Sie sich überraschen, wie ihre Schmerzen im Körper hier geführt werden, an dieser Straßenkreuzung mit der Schaltzentrale, ... lassen Sie Ihr Unbewußtes mit den Knöpfen und Reglern spielen, wie ein Kind, das mit einer Fernbedienung spielt und verschiedene Programme herbeizappt, ein ganz bestimmter Knopf oder Regler reguliert den Schmerzfluß, ... lassen Sie sich diesen Regler zeigen, ...

<Pause, eventuell das Finden dieses Reglers vom Patienten bestätigen lassen>

... und wie wäre es, am Regler mal so zu drehen, daß der Schmerzfluß ein wenig größer wird, ... deutlicher und stärker, ...

<hier mußt Du den Patienten sehr genau beobachten, spürt er stärkere Schmerzen, so erkennst Du das an seinen non-verbalen (oder auch verbalen) minimalen Hinweisreizen. Lobe dann Deinen Patienten>

... gut, ... und nun lassen Sie sich überraschen, wie es sich anfühlt, wenn der Regler in die andere Richtung gedreht wird und der Schmerzstrom sich vermindert, ...

<auch hier: genaueste Beobachtung Deines Patienten und ihn loben, wenn Du siehst, daß er sich äußerlich entspannt - ein Zeichen nachlassender Schmerzen>

... und nichts spricht dagegen, ... die weitere Arbeit in dieser Schaltzentrale vollkommen dem Unbewußten überlassen zu dürfen, ... so daß auch in Zukunft gewährleistet ist, daß die innerlichen Dinge sich von selber auf ihre Weise regulieren ...“

(Nach Gerhard Schütz, Hypnose in der Praxis)

> ☞ Der Patient wird über diese Bilder damit vertraut gemacht, daß er seinen Schmerzen nicht hilflos ausgeliefert ist. Er macht die Erfahrung, daß es in ihm eine tiefe Instanz gibt, die das Schmerzgeschehen positiv beeinflussen kann.

Veränderung der submodalen Kodierung des Schmerzes

Eine weiteres Beispiel für eine Schmerzreduktionstechnik ist das bewußte Ändern der submodalen Kodierung des Schmerzempfindens. Jedes Schmerzgeschehen läßt sich submodal darstellen, wie Du in der nächsten Übung sehen kannst:

> ☝Übung: Submodale Veränderung eines Schmerzes
>
> 2 Personen: A=Anleiter, B="Patient"
> B berichtet über ein akutes Schmerzempfinden oder einen Zustand des Unwohlseins. A läßt dieses Gefühl (die kinästhetische Komponente) z.B. in eine visuelle Komponente übersetzen. (A:" Wenn Dein Schmerz sichtbar wäre, was würdest Du sehen?") A experimentiert daraufhin mit seinen submodalen Kodierungen (z.B.:" Mache mal Dein Bild <das Sichtbare am Schmerz> kleiner, farbiger, verschwommener, geschrumpfter usw."), um das reale Schmerzempfinden positiv zu beeinflussen. B kann seinen Schmerz auf der folgenden Skala vor der Übung und nach der Übung eintragen, um festzustellen, wie er sich geändert hat.

Trage Dein Schmerzempfinden in die folgende Tabelle ein:

	(schwach)			Schmerzempfinden			(stark)		
	1	2	3	4	5	6	7	8	9
Vor der Übung									
Nach der Übung									

Gezielte Fragestellungen über das Schmerzempfinden (vermindert im allgemeinen bereits das Schmerzgefühl)

„Ist das Gefühl eher stechend, pieksend, brennend oder anders?"
„Kommt das Gefühl aus der Tiefe oder von der Oberfläche oder gar von woanders?"
„Spüren Sie das Gefühl noch in anderen Körperteilen, vielleicht abgeschwächter oder anders?" (=gezielte Ablenkung)
„Ist das Gefühl konstant oder ändert es sich ständig?"
„Ist Ihnen das Gefühl vertraut?" ...

Willst Du mit gezielter Ablenkung des Schmerzempfindens arbeiten und die Aufmerksamkeit Deines Patienten auf schmerzlose Körperpartien richten, so achte sorgfältig auf Deine Sprache. Wenn Du Deinen Patienten bereits auf angenehme Körperpartien focusiert hast, dann vermeide alle Worte, die mit dem Phänomen des Schmerzes assoziiert sein könnten.

☞ Wer fragt, führt!

Verschiedene Formen des Schmerzes

Schmerzerleben und Schmerzreaktion

Man unterscheidet zwischen *Schmerzerleben* und *Schmerzreaktionen*. Beunruhigend für den Anfänger sind Schmerzreaktionen bei Patienten, die unter hypnotischer Anästhesie stehen. So hat man als Außenstehender den Eindruck, der Patient müsse Schmerzen fühlen, weil sein Körper Schmerzreaktionen (zum Beispiel ein Zucken) zeigt. Hinterher berichtet aber der Patient, daß er keine Schmerzen gefühlt hat, was bedeutet, daß irgendein Teil in ihm zwar auf den „Schmerzreiz" reagierte, der „Schmerzreiz" aber nicht als Schmerz im Kopf des Patienten etikettiert wurde.

Chronischer Schmerz

Hier den Schmerzherd möglichst lokalisieren (z.B. Muskelverspannungen im Nacken, die zum Kopfschmerz führen können) und dann mit gezielten Suggestionen oder posthypnotischen Instruktionen die Ursache des Schmerzes angehen.
Bei unklarer Ursache des Schmerzes: Versuche den Schmerz direkt mittels Suggestionen zu mindern.
Es ist oft nützlich, den Schmerz nicht vollkommen wegzusuggerieren, sondern ein Minimum an Empfindungsgfähigkeit (Schmerz ist eine Art innere Alarmanlage) noch zu lassen.

Akuter, erwarteter Schmerz

(Wundschmerz, Schmerz nach operativem Eingriff)
Hier hast Du verschiedene Möglichkeiten:

Posthypnotische Beeinflussung, daß sich nach dem Eingriff alles angenehm anfühlen wird.

Umdeutung des zu erwartenden Schmerzes:
„Und es ist sicher, daß Ihr Körper auf seine Weise mit der Heilung schon beginnt, während Sie auf diesem Stuhl sitzen. Der Körper weiß am besten, welche Gefühle und Empfindungen den Heilungsprozeß fördern. Solange diese Stelle abheilt, werden Sie noch etwas spüren."

Hier werden mögliche schmerzhafte Empfindungen der Wundheilung in Zusammenhang mit den Selbstheilungskräften des Körpers gedeutet. Mögliche unangenehme Empfindungen werden als Startzeichen der Heilung definiert.

Denk´ an die alte Volksweisheit: (auch eine Umdeutung!)

☞ Wenn eine Wunde juckt, heilt sie!

Zusammenfassung

Die hypnotische Behandlung ohne chemische Anästhesie ist relativ zeit- und energieaufwendig und verlangt vom Zahnarzt große Erfahrung. Aus diesen Gründen wird sich unserer Einschätzung nach die hypnotische Anästhesie auf Einzelfälle beschränken. In Kombination mit chemischer Anästhesie (die Medikamentenzugabe kann um bis zu 75% reduziert werden) ist Hypnose jedoch überall sinnvoll einsetzbar, ebenso zur Beruhigung vor einen operativen Eingriff und zur Streßverminderung.

☞ Wichtig:
- Sorgfältige Anamnese
- Schulmedizinische Abklärung
- Interdisziplinäre Zusammenarbeit mit anderen Fachbereichen
- Bisherige Bewältigungsstrategien des Patienten erforschen
- Sekundären Krankheitsgewinn erkunden

Umgang mit Widerstand

Widerstand beim Patienten entsteht in dem Moment, wo er sich ins Unrecht gesetzt, oder von oben herab behandelt fühlt. Beharren z.B. beide Gesprächspartner auf Ihren richtigen Meinungen, so entsteht oft Streit. Widerstand läßt sich leicht vermeiden, indem man darauf achtet, sparsam mit den Worten *nein* und *aber* umzugehen. Bei unterschiedlichen Ansichten von Vorgängen ist es geschickter, nicht streng auf seiner Meinung zu bestehen (selbst wenn sie objektiv richtig ist) und rechthaberisch zu sein, sondern erst einmal auf die unterschiedlichen Sichtweisen hinzudeuten, und anschließend seine Meinung, als Meinung eines Fachmannes, respektvoll mitzuteilen.
Die Worte *nein* und *aber* (ebenfalls auch ein Kopfschütteln) erinnern viele von uns an die früheren „Neins" unserer Eltern oder Erziehungspersonen und erzeugen dadurch eine unbewußte Trotzigkeit, die der therapeutischen Beziehung im Wege steht. Mit ein wenig sprachlicher Phantasie läßt sich leicht jedes *nein* in ein *ja* umwandeln. Beispiel:
Zahnarzt:
„Nein, das haben Sie falsch gemacht, versuchen Sie das noch einmal!"
Umwandlung:
Zahnarzt:
„Ja, das ist oft nicht ganz einfach, beim zweiten Versuch klappts meistens schon besser."

Genau genommen gibt es keinen isolierten Widerstand. Widerstand ist immer eine Reaktion auf ein bestimmtes kommunikatives Angebot. Statt dem Patienten seinen Widerstand auszureden oder ihn zu beschwichtigen und ihn von dem „Sinnvolleren" überzeugen zu wollen (was oft nicht klappt und noch zusätzlichen Widerstand aus sich zieht) ist es geschickter, den Widerstand des Patienten als etwas besonderes herauszustellen, und ihn als Ressource zu etikettieren.

Wir unterschieden zwei Formen von Widerstand:
- den direkten Widerstand
- den indirekten Widerstand

Ein Beispiel für direkten Widerstand:

Patient:
„Ich glaube nicht, daß Sie es schaffen, mich zu hypnotisieren. Ich habe einfach einen zu starken Willen!"
Arzt: (statt ihm seine Meinung auszureden)
„Ja, Willensstärke ist etwas enorm Wichtiges und Sie haben wirklich recht, ich kann Sie nicht hypnotisieren, wenn Sie sich mit Ihrem starken Willen wehren. Sie müssen das selber wollen und sich mit Ihrem starken Willen in Trance versetzen, nur dann können Sie eine tiefe Trance erleben. Wenn Sie das wollen, dann kann ich Ihnen dabei helfen. Wollen Sie das?"

(hier wird der Widerstand des Patienten geschickt umetikettiert - es steht plötzlich nicht mehr die Frage nach der Willensstärke im Vordergrund, sondern nach dem Wunsch, überhaupt eine Hypnose erleben zu wollen. Stimmt der Patient hier zu und sagt, daß er eine Hypnose wirklich erleben will, so erhöht sich die Wahrscheinlichkeit einer erlebten Trance)

☝Übung: Umetikettieren eines Widerstandes in eine Ressource

Drei Personen: A = Hypnotiseur, B = Patient, der Widerstand äußert, C = Beobachter
B äußert Widerstand gegen eine mögliche Trance („ich bin zu aufgeregt", oder „das klappt doch nicht" oder „ich bin nicht hypnotisierbar", oder „ich glaube nicht, daß Sie das schaffen", ...)
A versucht nun diesen Widerstand aufzugreifen und ihn für die kommende Trance nutzbar zu machen. A versucht, den Widerstand in eine Ressource zu verwandeln.
C beobachtet und schreibt die geäußerten Umwandlungen mit.

Indirekter Widerstand

Indirekter Widerstand ist daran zu erkennen, daß der Patient sich nicht kongruent verhält. Er stimmt möglicherweise einer Aufforderung zu, ohne wirklich dahinter zu stehen. Wir erkennen diese Form der „unaufrichtigen Zustimmung" an der Körpersprache des Patienten, an den kleinsten Hinweisreizen (minimal cues). Solltest Du Widerstand bei einem Deiner Patienten erkennen, so ist es wichtig, ihn auch anzusprechen,

um ihn ausräumen zu können. Wenn Du das versäumst, so wird sich der Widerstand irgendwann von alleine wieder einschleichen und Dir die Hypnosearbeit erschweren.
Beispiel:
Du klärst den Patienten über Hypnose in Deiner Praxis auf und nennst für die Anfangshypnose einen Preis von DM 300.- (Doppelstunde). Als der Patient die Zahl 300 hört, stockt sein Atem kurz und seine Augen blicken starr. Er sagt nur, daß er die Hypnose in Anspruch nehmen will. Der Patient äußert non-verbalen (indirekten) Widerstand - hier ist es gut, diese Reaktionen gleich anzusprechen, um sie auszuräumen. Vielleicht so:
„Ja, das ist viel Geld, da haben Sie recht, und leider übernehmen die Kassen keine Hypnosebehandlung, obwohl erwiesen ist, daß Hypnose zu den effektivsten Methoden zählt. Die bürokratischen Mühlen mahlen eben langsam."

Übung: Erkennen von indirektem Widerstand

Dreiergruppen bilden: A, B, C
A formuliert in einem Gespräch mit B ein paar Sätze, zu denen er steht und ein paar Sätze, zu denen er nicht innerlich steht. (z.B.: „Ich spiele wirklich gerne Skat <stimmt> und höre gerne Bach dabei <stimmt>. Ich denke, daß Kindern Grenzen gesetzt werden müssen <stimmt> und eine Ohrfeige mal ganz gut tun kann <stimmt nicht> ...")
B hört einfach zu, spricht mit A und versucht, Inkongruenzen zu entdecken.
C beobachtet die Körpersprache der beiden Sprechenden.

Polaritätsreaktionen

Manche Personen neigen dazu, immer das Gegenteil von dem zu tun, was von ihnen verlangt wird. Hier spricht man von Polaritätsreaktionen. Diese Patienten zeigen sozusagen dauernd Widerstand. Willst Du solchen Patienten Tranceerlebnisse näher bringen, so kann es hilfreich sein, genau das Gegenteil von dem zu verlangen, was Du eigentlich bezweckst.
Beispiel:
„Sie gehen jetzt bitte noch nicht in Trance, es ist noch viel zu früh dazu!" oder
„Sie können jetzt noch gar nicht in Trance gleiten, weil Sie noch gar nicht so weit sind!" oder
„Ich weiß, daß Sie heute viel zu unruhig sind, um eine Trance zu erleben!"

Utilisation von Trancephänomenen

Amnesie

Es ist sehr schwer vorherzusagen, ob eine Trance amnestisch erlebt wird, oder nicht. Das hat nur bedingt mit der Trancetiefe zu tun und ist zusätzlich abhängig von Faktoren wie: Inhalt der Trance, Tageszeit, Befindlichkeit, natürliche Schwankungen der Trancetiefe, Erwartungen, ...

Amnesie beobachten wir:

- manchmal spontan nach einer Trance. Der Patient sagt uns dann, daß er sich an nichts erinnert, was in Trance geschehen ist, oder er erinnert sich nur an bestimmte Teile (Partialamnesie).
- nach bestimmten Suggestionen, die einer Amnesie förderlich sind. Eine künstlich erzeugte Amnesie läßt sich folgendermaßen untergliedern:
  - ⇒ eine direkt erzeugte („Sie werden alles vergessen, was in Trance geschehen ist.")
  - ⇒ eine indirekt erzeugte. Indirekte Suggestionen, die eine Trance amnestisch werden lassen können, sind zum Beispiel: Das Bild von *einsetzendem Schneefall* unter dem alles verschwindet, was sichtbar war. Es bleiben nur noch Umrisse und Konturen übrig. Oder: Der Hypnotiseur erzeugt während der Reorientierung ein Bild, in dem sich eine *große Türe*, wie die *eines alten Bergwerks*, verschließt, und alles hinter der Türe bleibt, was in Trance erlebt wurde. Hier ist Deiner Phantasie keine Grenze gesetzt.

    Wenn Du <u>vor</u> der Trance ein spannendes Thema ansprichst, und es plötzlich (an einer spannenden Stelle) unterbrichst, um die Trance einzuleiten, dann kannst Du <u>nach</u> der Trance unvermittelt über das anfängliche Thema weitererzählen, so, als wäre nichts besonderes geschehen. Das erhöht die Wahrscheinlichkeit einer Amnesie.

> ☝Übung: Erzeugung von künstlicher Amnesie
>
> Dreiergruppen bilden: A = Hypnotiseur, B = Hypnotisand, C = Beobachter
> A versetzt B mit dem Ziel in Trance, etwas zu vergessen (z.B. seine eigene Telefonnummer). A könnte in Trance die Telefonnummer in eine verschlossene Kiste packen und diese Kiste an einem geheimen Ort vergraben (oder andere Suggestionen benutzen). B. wird anschließend aus der Trance geführt und gebeten, seine Telefonnummer zu sagen.

☝ **Achtung**:
A muß unbedingt darauf achten, daß die künstlich erzeugte Amnesie wieder rückgängig gemacht wird. Z.B. könnte A dem B in Trance sagen, daß er sich dann wieder an seine Telefonnummer erinnern kann, wenn A nach der Trance das Wort JETZT sagt.

Was ist der Sinn einer hypnotisch-künstlich erzeugten Amnesie?

- Unangenehme, traumatische frühe Zahnarzterinnerungen können amnestisch versiegelt werden, um dem Patienten die künftigen Behandlungsschritte zu erleichtern
- aktuelle oder zu erwartende Störreize können amnestisch, z.B. mittels posthypnotischer Aufträge, ausgeblendet werden (bei zu erwartenden Nachschmerzen)
- Erzeugung einer internen Attribuierung
  Was heißt das? Dem ängstlichen Patienten könnte in Trance Mut (für weitere Behandlungen) suggeriert werden. Diese Trance könnte amnestisch versiegelt werden. Das bedeutet: Dieser Patient fühlt dann später möglicherweise mehr Mut in

sich, ohne den „wahren Grund" zu kennen. Die Folge: er denkt, daß er selber mutiger geworden ist und schreibt sich diese wunderbare Veränderung auf seine eigene Kappe. Das ist viel besser, als würde er sich an die Hypnose mit den entsprechenden Suggestionen erinnern und denken, daß er nur deshalb so mutig sei, weil es ihm ein anderer gesagt hat (man spricht hier von einer externen Attribuierung)

Hypermnesie

Hypermnesie nennt man das Phänomen, in Trance an scheinbar vergessene Erinnerungen zu kommen. Patienten, die tiefe Trancezustände erleben, berichten oft von plastischen, filmähnlichen, früheren Erinnerungen, die sie in Staunen versetzen. Es ist in Trance durchaus möglich, sich an früheste Geschehnisse des Lebens erinnern zu können. Manche Patienten berichten von Geburtserlebnissen, andere sogar von „früheren Leben" (inwieweit solche Erinnerungen von unbewußten Wünschen überlagert sind, bleibt hier offen). Für die zahnärztliche Hypnosepraxis ist das Phänomen der Hypermnesie aus folgenden Gründen interessant:

- Der Patient kann zum Beispiel in Trance zu frühesten traumatischen Erinnerungen geführt werden, so daß dort eine therapeutische Korrektur erfolgen kann.
  Nehmen wir an, wir haben einen Würgepatienten vor uns: In Trance kann er zu dem ersten Würgeerlebnis seines Lebens geführt werden (ein in seine Kindheit regredierter Patient berichtete, daß er einen kalten, metallenen Löffel im Mund spürte, den seine Mutter ihm reingeschoben hatte, damit er endlich essen lerne. Seit dieser Zeit erlebte der Patient immer Würgegefühle, wenn metallähnliche Gegenstände im Mundinnenraum fühlbar wurden. Mit der Technik „Change History", die ausführlich in Z6 erklärt wird, konnte diesem Patienten geholfen werden).
- Es ist auch möglich, positive, vergessene Erinnerungen in Trance freizusetzen, um sie als zusätzliche Ressourcen in der Gegenwart zu nutzen.
- Man kann sogar vergessene Namen, Nummern, oder andere Inhalte aus der Vergangenheit in Trance gezielt reaktivieren. Wie macht man das? Man sucht sich in Trance Assoziationspunkte und baut sie in die weitere Trance ein. Man verdichtet das Assoziationssnetz derart, daß sich die Wahrscheinlichkeit enorm erhöht, an die vergessenen Erinnerungen (hier: Kristallisationspunkt) zu kommen.

Übung: Erinnerung vergessener Ereignisse (Inhalte)

3 Personen: A = Hypnotiseur, B = Hypnotisierter, C = Beobachter
B überlegt, ob er etwas in Erinnerung rufen will, was er schon lange vergessen hat (z.B. eine alte Telefonnummer, den Namen eines früheren Schulfreundes ...)
A versetzt B in Trance und beginnt, eine Assoziationsnetz um die gesuchte Erinnerung zu spannen, bis die Erinnerung „hochgehoben" wird.
C beobachtet.

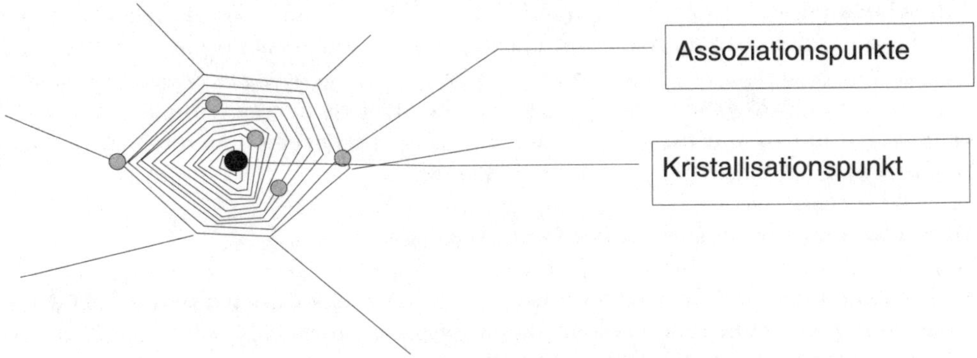

Manche Forscher sagen, daß es so etwas wie ein isoliertes Vergessen nicht gäbe - es gibt nur einen fehlenden Zugang zu scheinbar vergessenen Erlebnissen oder Inhalten.

Posthypnotische Suggestionen

Posthypnotische Suggestionen werden *während* der Trance formuliert, um *nach* der Trance zur Ausführung zu kommen. Wir unterscheiden verschiedene Formen posthypnotischer Suggestionen:

Direkte posthypnotische Suggestionen

Die einfachste Weise, posthypnotische Aufträge zu formulieren, ist die direkte. Dem Patienten wird in Trance gesagt, daß er etwas ganz bestimmtes ausführen muß.
Auch unsere körperlichen Funktionen sind mittels posthypnotischer Instruktionen beeinflußbar. So ist es bei Zahnbehandlungen durchaus üblich, posthypnotische Aufträge an das verletzte Gewebe im Mund zu geben. Z.B. wird suggeriert, daß nur so viel Blut die Wunde verläßt, wie zum Reinigungsvorgang nötig ist - und das ist meist wenig. Die Wundheilung ist dann bekanntlich viel effektiver.

Indirekte posthypnotische Suggestionen

Posthypnotische Aufträge können auch indirekt formuliert werden. So kann man dem Patienten in Trance eine Geschichte erzählen, in der Gestalten (Menschen, Tiere) vorkommen, die die gewünschten Verhaltens- oder Reaktionsweisen des Patienten an den Tag legen. Der Vorteil indirekter Aufforderungen ist der, daß sie nicht den gleichen Widerstand des Patienten auf sich ziehen als direkte. Sie eignen sich gut bei der Behandlung stark kontrollierter Patienten und bei Kindern.
So kann man einem Kind, das Probleme mit seiner Zahnpflege hat, die Geschichte von den beiden Hasen erzählen, die ins Schlaraffenland wollten. Beide standen vor einer großen Mauer, die aus lauter Nüssen bestand und durch die sie sich durchbeißen sollten, um ins Schlaraffenland zu kommen. Der eine der Hasen hatte schlechte Zähne und konnte nur eine Handvoll Nüsse zerbeißen, während der andere mit den guten Zähnen

sich schnell durch die ganze Nußwand fressen konnte. Nun stand der Hase mit den schlechten Zähnen vor der Mauer und hörte, wie der andere sich freute, scherzte und laut staunte. Er konnte nichts sehen und das ärgerte ihn gewaltig. Anschließend wollte er durch das Loch krabbeln, das der andere in die Mauer gefressen hatte, aber als er vor dem Loch stand, da war es, wie im Märchen, schon wieder mit anderen Nüssen zugewachsen. Der hat sich wirklich grün und blau geärgert.

Formulierung der posthypnotischen Suggestion

- Ein herausragendes Kennzeichen der Arbeitsweise des Unbewußten ist der Literalismus. Das Unbewußte versteht die suggerierten Botschaften buchstäblich. Soll eine posthypnotische Suggestion formuliert werden, so ist auf Eindeutigkeit zu achten. Die buchstäbliche Botschaft sollte möglichst kongruent zur inhaltlichen sein. Der posthypnotische Auftrag, in einer ganz bestimmten Problemsituation „sich an die eigene Nase zu fassen" könnte vom Patienten derart verstanden werden, daß er sich einfach während der genannten Situation mit seiner Hand an die Nase faßt, ohne den wahrscheinlich beabsichtigten Inhalt, nämlich vielleicht mehr auf sich selber zu achten, zu verstehen.

☞ Schreibe die posthypnotische Suggestion auf, damit Du sie klar und deutlich formulieren kannst!

☝Übung: Posthypnotischer Auftrag

A = Hypnotiseur, B = Hypnotisand, C = Beobachter
A versetzt B in Trance und formuliert einen direkten posthypnotischen Auftrag (z.B.:" Wenn Du nach der Trance das Wort Uhr aus meinem Mund hörst, entsteht in dir das zwingende Bedürfnis, Deine Uhr verstellen zu müssen!").
C beobachtet und schreibt den posthypnotischen Auftrag wortwörtlich mit. B wird aus der Trance geführt und genau beobachtet während A die Auslöserworte (-reize) formuliert.
Ziel der Übung: Formulierungen üben und Nachempfinden, wie posthypnotische Suggestionen sich während des Ausführens „anfühlen".

Ideomotorik

Ein typisches Kennzeichen hypnotischer Prozesse sind die sogenannten ideomotorischen Bewegungen. Ideomotorische Muskelbewegungen werden nicht vom Bewußtsein sondern unbewußt gesteuert. In Trance erzeugte Vorstellungsbilder von körperlichen Bewegungen neigen dazu, sich in reale Bewegungen umzusetzen.

Ideomotorische Bewegungen werden manchmal als Suggestibilitätstests herangezogen, um die hypnotische Beeinflußbarkeit einer Versuchsperson einzuschätzen.

Versuch: Vorgestellte Bewegungen

Nimm einen Kugelschreiber oder Bleistift zwischen Daumen und Zeigefinger und halte ihn etwa 20 Zentimeter von den Augen entfernt auf Augenhöhe. Dann schaust Du den Stift an einem Punkt an und stellst Dir vor, wie ganz langsam Daumen und Zeigefinger auseinanderdriften. Wenn man sich richtig vorstellt, wie es sich anfühlt, wenn die Finger auseinanderstreben, fällt nach ein paar Augenblicken der Stift zu Boden. Wenn man das zum ersten Mal versucht, ist man oft recht erstaunt. Man weiß dann meistens nicht genau, ob der Stift von selber hinuntergefallen ist, oder ob es absichtlich geschehen ist. Es ist ein Zwischending zwischen einer absichtlichen und einer automatischen Handlung, aber man spürt zumindest einen unbewußten Anteil dabei.

Ein spezifisches Kennzeichen ideomotorischer Bewegungsmuster ist ihre *Langsamkeit* und *Ruckartigkeit*. Man kann nur sehr schwer willentlich solche Bewegungsabläufe erzeugen, und einem geübten Auge fällt es sofort auf, ob es sich um Gefälligkeitsreaktionen oder um eine echte ideomotorische Bewegung handelt.
Mit ideomotorischen Bewegungsmustern lassen sich Zwiegespräche mit dem Unbewußten halten. Das Unbewußte kann Äußerungen hervorbringen, die in Form von körperlichen „Ja"- und „Nein"- Signalen etabliert werden können.
Eine ähnliche Art, durch ideomotorische Bewegungen Antworten von unbewußten Anteilen zu bekommen, ist das Pendeln. Ein Pendel wird in der Hand gehalten, dann wird die Pendelrichtung für „ja" und „nein" etabliert. Nun kann man das Unbewußte befragen (siehe auch Z2-Kurs).
Eine andere Frage ist die nach dem Wahrheitsgehalt solcher Antworten. Hier muß differenziert werden zwischen einer Wahrheit, die überprüfbar ist (etwa durch alte Unterlagen oder Nachfragen bei Bekannten) und einer subjektiven, manchmal als „Trancelogik" bezeichneten.

Armlevitation

Ideomotorische Bewegungen eignen sich vorzüglich dazu, das hypnotische Geschehen äußerlich, in Form einer körperlichen Feedbackreaktion, abzubilden. Nachdem der Hypnotisand in Trance versetzt wurde, wird ihm beispielsweise suggeriert, daß sein rechter Arm langsam immer höher und höher steige. Je höher der Arm steige, desto tiefer und umfassender dürfe sich die Trance entwickeln, bis der Arm ganz steif in der Luft stehe. Hier dient der Arm als eine Art Zeiger für die Trancetiefe. Da hypnotisierte Menschen oft nicht gerne sprechen - die Muskulatur des Sprechapparates ist angenehm entspannt, und die ganze Person ist in einem passiven Zustand - ist eine ideomotorische Rückmeldung über die Trancetiefe besonders gut geeignet.
Ideomotorische Bewegungen sind nur schwer subjektiv einschätzbar. Steigt beispielsweise der Arm eines Patienten in Trance nur etwa 5 Zentimeter von der Stuhllehne nach oben, so kann es durchaus sein, daß der Patient nach der Trance sagt, daß sein Arm

mindestens 50 Zentimeter nach oben gestiegen ist. Die Reizverarbeitung in Trance ist eben anders als im Wachzustand.
Erstaunlich an Armlevitationen ist auch die Tatsache, daß, entgegen jeder elementaren Sinneserfahrung, automatische Bewegungen gegen die Gravitationskraft der Erde entstehen. Das Bewußtsein, überfordert, diese von selbst geschehenden Bewegungen entgegen der Schwerkraft erklären zu können, gleitet in andere Bereiche und fällt in Trance.
In einigen Fällen, meist bei hochsuggestiblen Menschen, sind spezielle Bewegungskomplexe zu beobachten: Da steigen manchmal ganz von alleine Beine in die Höhe (wenn Patient sitzt) oder der ganze Körper bewegt sich hin und her - in seltenen Fällen kann es sogar vorkommen, daß die Augen langsam aufgehen und der Patient in sehr tiefer Trance mit einem Tunnelblick ins Leere starrt.

Handschuhanästhesie

Die *Handschuhanästhesie*, eine beliebte und oft angewandte Form der Hypnose in der Zahnheilkunde, funktioniert folgendermaßen:

Der Patient auf dem Zahnarztstuhl wird gebeten, seine Aufmerksamkeit auf seine rechte Hand zu richten und sie so intensiv wie möglich zu spüren. Nach einer Weile werden direkte oder indirekte Kälte- oder Taubheitssuggestionen über das Bild eines Handschuhes vermittelt, der über die Hand gezogen wird.

„Stellen Sie sich vor, daß über Ihre Hand ein Handschuh gezogen wird, der dafür Sorge trägt, daß die Hand ganz taub, kühl, pelzig, kribblig wird - so, als wäre sie ganz starr und steif vor Kälte, und als sei jedes Gefühl aus ihr gewichen ... (Pause) ... wie fühlt sich so eine Hand an?"

Danach kann die Suggestion formuliert werden, daß die Hand von allein nach oben steigt. Je höher sie steige, so wird suggeriert, desto kälter und tauber werde sie, bis sie schließlich den Mund berührt und dadurch die Kälte und Taubheit auf den Mund- und Kieferbereich übertragen wird. Während die Hand nun langsam nach oben steigt, fließt das Blut auf natürliche Weise aus dem Arm in den Körper zurück und verstärkt so die Kälteempfindung des Patienten. Dieser Prozeß kann manchmal länger dauern. Ideomotorische Bewegungsabläufe sind zeitlich schwer abschätzbar. So kann es durchaus sein, daß der Vorgang der Kälteübertragung mehr als dreißig Minuten dauert, was den Hypnotisierten jedoch weniger stört als den Zahnarzt, weil sein Zeitempfinden ja sowieso ganz anders ist, als das der um ihn herum stehenden, nicht hypnotisierten Menschen. Um Gewißheit über die Stärke der suggestiv erzeugten Taubheit zu erlangen, kann der Zahnarzt nachfragen oder sich ein Körperzeichen, z.B. das Heben eines Fingers, vom Patienten geben lassen, daß nun der Mund taub ist, so daß mit der Behandlung begonnen werden kann.

> ☞ Achtung:
> Zu schnelles Hochsteigen des Armes deutet oft auf Gefälligkeitsreaktionen hin. Unterbreche in diesem Fall diese Bewegungen und räume möglichen Widerstand seitens des Patienten behutsam aus dem Weg.

Doppelinduktion

Die Doppelinduktion ist eine Form der Tranceerzeugung, in der der Patient gleichzeitig oder kurz zeitlich versetzt, aus unterschiedlichen Sprachrichtungen von zwei Hypnotiseuren Suggestionen empfängt. Da unser Gehirn nicht gleichzeitig diese Informationsflut verarbeiten kann, schaltet es bald ab mit der Folge, daß der Patient in eine Trance gleitet. Die Doppelinduktion eignet sich gut im Bereich der Zahnmedizinischen Hypnose, da Zahnarzt und Helferin meist auf unterschiedlichen Seiten des Patienten sitzen und mit ihren Formulierungen den Patienten schnell konfus machen können.
Wie kann man eine Doppelinduktion strukturieren?
Sieh Dir folgende Tabelle an und experimentiere damit:

Hypnotiseur, rechts	***Patient***	***Hypnotiseur, links***
Geschichte, immer langsamer werdend		andere Geschichte, immer langsamer werdend
Geschichte, immer langsamer werdend		ständige Leersuggestionen, immer langsamer sprechend
Alltagsgeschichte mit markierten Tranceworten (z.B. entspannt, ruhig, vertieft ...)		Markierte Worte werden als Anfang einer Leersuggestion benutzt
a) Konfusionsgeschichte b) Trancesuggestionen c) Konfusionsgeschichte ...		a) Trancesuggestionen b) Konfusionsgeschichte c) Trancegeschichten ...

Prinzipiell sind unendlich viele Kombinationen möglich.

Die Turboinduktion

Dr. Thomas Stöcker aus Bremen (1989) entwickelte eine sehr schnelle Form der Tranceinduzierung, die er von dem Showhypnotiseur Bertino aus Österreich übernommen hatte. Dr. Albrecht Schmierer und seine Frau Gudrun verknüpften die Turboinduktion mit der aus den USA stammenden „Rapid Induction Technique" und wenden sie erfolgreich in ihrer Praxis an. Der Indikationsbereich umfaßt die Analgesie vor einem chirurgischen Eingriff und die Beeinflussung von akuten und chronischen Schmerzen.
Wenn Du diese Technik anwendest, so achte darauf, daß die rechte Schulter und der Arm des Patienten gesund sind, und daß er keine Angst vor Kälte hat. Wende diese direkte Technik nur dann an, wenn Du selber auch dahinter stehst und Du Dir sicher bist, daß Dein Patient diese Form der Hypnose vertragen kann.

Die Turboinduktion (in Anlehnung an Dr. Albrecht Schmierer, Stuttgart)

Der Zahnarzt läßt den Patienten eine leuchtende Taschenlampe fixieren und bewegt dabei die Lampe kreisbogenförmig von oberhalb des Scheitels des Patienten bis in die Nähe seines Kinns, so, daß der Patient dem Lichtpunkt von ganz oben nach unten folgt. Dabei wird angekündigt:
„Während Sie sich jetzt ganz auf das Licht konzentrieren, spüren Sie, wie Ihre Augen müder werden, immer müder, ganz müde. Konzentrieren Sie sich ganz

auf den Lichtpunkt. Ihre Augen sind jetzt gleich so müde, daß Sie sich ganz automatisch schließen und Sie können sie dann nicht mehr öffnen. In einem Moment, wenn ich auf drei zähle, werden Sie Ihre Augen schließen."
In dem Moment wird die Lampe sehr rasch auf ein Auge zubewegt, dabei schließt sich das Auge automatisch, weil der Schutzreflex einsetzt.
„Sie sind jetzt ganz fest verschlossen und Sie können sie nicht mehr öffnen."
Dabei wird die Lampe sehr rasch zwischen den beiden Augen wie zustechend hin und her bewegt, so daß der Patient, falls er die Augen noch einmal öffnen sollte, sie sofort wieder schließen muß. Anschließend wird die nun beginnende Trance vertieft, indem die Lampe rasch zwischen beiden Augen hin und her pendelt und dabei gesagt wird:
„Und das wechselnde Licht der Lampe auf Ihren Augen führt Sie in eine tiefe Hypnose, ganz schnell tiefer. Wenn ich jetzt bis zehn zähle, werden Sie mit jeder Zahl immer tiefer und tiefer sinken."
Dabei wird der Kopf des Patienten mit beiden Händen umfaßt und rasch von 1-10 gezählt. Zum weiteren Vertiefen läßt man den rechten Unterarm mehrfach in den Schoß des Patienten fallen.
„Ihre Muskeln sind jetzt völlig entspannt, ganz locker."
Dabei wird geprüft, ob der Arm frei beweglich ist. Dann folgt die Suggestion:
„Holen Sie jetzt ganz tief Luft, ganz tief einatmen."
Dabei faßt man das rechte Handgelenk des Patienten in dem Moment, wenn er eingeatmet hat und sagt:
„Und jetzt anhalten!"
Dabei wird der Arm plötzlich kerzengerade hochgerissen und mit der linken Hand streicht man den Arm auf der Rückseite herab bis zur Schulter und sagt:
„Ihr Arm ist jetzt völlig steif, vollkommen starr, wie ein Stahlrohr und er bleibt völlig starr und steif, wenn Sie jetzt ausatmen. Atmen Sie jetzt ganz regelmäßig aus und wieder ein. Und Sie können jetzt ihren Arm nicht mehr bewegen!"
Den Arm in diesem Moment nur kurz halten und ihn dann loslassen (sonst wäre es ein Zeichen der Unsicherheit).
„Versuchen Sie nun Ihren Arm zu bewegen, je mehr Sie es versuchen, um so starrer und steifer wird der Arm."
Anschließend wird der Handrücken mit den Fingern beklopft und folgende Suggestion formuliert:
„Das Gefühl in Ihrer Hand ändert sich jetzt total. Das ganze Blut weicht aus dem Arm herab in Ihren Körper und Sie können das an einem Kribbeln spüren. Die Hand wird kühl, pelzig und fremdartig, so, als ob sich ein Handschuh aus Leder darüberstülpt. Das ganze Gefühl weicht aus der Hand, sie ist völlig fremd und pelzig."
Dann werden Ellenbogen und Schulter wieder berührt und man präsentiert dabei folgende Suggestion:
„Ihr Arm wird jetzt wieder beweglich, lassen Sie Ihre Hand jetzt ganz langsam auf den Schoß heruntersinken, so langsam, daß sich das Gefühl aus der Hand völlig auf den Mund an die Stelle, an der nachher gearbeitet wird, überträgt. Nehmen Sie sich alle Zeit der Welt, die Hand ganz langsam heruntersinken zu

lassen. Mit jedem Zentimeter, den die Hand heruntersinkt, sinken Sie tiefer und tiefer. Und das Gefühl überträgt sich immer mehr und mehr. Dann, wenn die Hand den Schoß berührt, wird der Mund völlig betäubt, völlig fremd und unempfindlich, wie nach einer Spritze. Und der Mund öffnet sich dann ganz von allein als Zeichen, daß er zur Behandlung bereit ist."

Behandlung von Kindern

Die Ausübung von Kinderhypnose verlangt von Hypnotherapeuten ein besonderes Einfühlungsvermögen in die Denkwelt des Kindes. Kinder nehmen ihre Welt mit ihrem kindlichem Denken wahr und das unterliegt schnellen Veränderungen, je nach Entwicklungsstand.

Anamnesefragebogen für die Kinderbehandlung und Vorbereitungsanweisung für die Eltern
(nach Dr. Albrecht Schmierer)

Liebe Eltern,
dieser Antwortbogen dient der Vorbereitung einer angenehmen Zahnbehandlung Ihres Kindes bei uns. Bitte füllen Sie diesen Bogen aus und schicken Sie ihn uns vor der Behandlung zu, damit wir uns auf Ihr Kind einstellen können. Selbstverständlich werden Ihre Angaben vertraulich behandelt. Sie können auch einzelne Fragen unbeantwortet lassen.

Name des Kindes: ______________________________

Kosename des Kindes: ______________________________

Geburtsdatum: ______________________________

mein Kind geht in	Kindergarten	☐	Schule	☐
	andere	☐		
mein Kind geht in	Musikschule	☐	Sport	☐
	Ballett	☐	andere	☐

Angstanamnese

1. Haben Sie als Eltern Angst? (allgemein, vor was?)

____

2. Hat das Kind Angst (allgemein, vor was?)

____

Ängste Ihres Kindes speziell beim Zahnarzt:

Bitte stellen Sie eine Angsthierarchie auf. Numerieren Sie die Ängste durch, die größte Angst bekommt die Nr. 1, die geringste die letzte Nr.

- Geräusch
- Schmerz
- Berührung
- Spritze
    - -Pieks
    - -Anblick
    - -Gefühl während
    - -Gefühl hinterher
- Weißer Kittel
- Helles Licht, OP-Leuchte
- Instrumente
- Praxisgerüche
- Geschmack
- Behandlungsstuhl
- Liegeposition
- Sitzposition

3. Vorerfahrungen beim Arzt: -welcher
-Klinik - was, wie lange?

Beim Zahnarzt:

- Trauma durch

- Schmerz

- Festhalten

- Spritze

- Falsche Versprechungen
  („Es tut überhaupt nicht weh!")

- Negative Sprache
  („Du brauchst keine Angst haben!")
  („Stell Dich nicht so an!")
  („Du bist ungezogen!")

- andere: ______________________________

4. Bedürfnisse des Kindes:

____

____

____

____

Ressourcenanamnese:

5. Die Welt des Kindes:
   Bitte numerieren Sie die Vorlieben Ihres Kindes durch: Die wichtigste bekommt Nr. 1

- Lieblingscomic: ______________________________
- Lieblingsmärchen: ______________________________
- Lieblingshelferfigur: ______________________________
- Lieblingsbeschäftigung: ______________________________
- Lieblingsspiel: ______________________________
- Lieblingssport: ______________________________
- Lieblingsgetränk: ______________________________

- Lieblingsessen: ______
- Lieblingsnachtisch: ______
- Lieblingsfarbe: ______
- Lieblingstier: ______
- Lieblingskuscheltier (mitbringen): ______
- Lieblingsbuch: ______
- Lieblingsmusik: ______
- Lieblingskleidung: ______
- Lieblingsfreund: ______
- Lieblingsschulfach: ______
- Lieblingshobby: ______
- Lieblingsaudiocassette: (z.B. Biene Maja, Pippi Langstrumpf) bitte mitnehmen!

6. Kuschelecke, Traumplatz

Hat Ihr Kind einen sicheren Ort, an den es sich zurückzieht, um sich wohl und sicher zu fühlen? (z.B.: Baumhaus, Kinderbett, Urlaubsland, Ferienort, Zelt)

______

7. Therapeutische Vorgeschichte

War Ihr Kind schon einmal in Therapie? (z.B. wegen Schlafstörungen, Bettnässen, Ängsten.) Anschrift des Therapeuten, Telefonnummer. Um welche Therapie hat es sich gehandelt?

______

______

______

______

8. Was sind Ihre Erwartungen, Erfahrungen mit Hypnose?

____

____

____

____

Liebe Eltern,

bitte schicken Sie diese Seiten ausgefüllt vor der Behandlung Ihres Kindes in unsere Praxis. Die nächste Seite gibt Ihnen einige Tips, wie Sie Ihr Kind vorbereiten können.

Vorbereitungsanweisung für die Eltern

1. Die Belohnungsgeschenke streichen.

2. Negationen in Verbindung mit Zahnarzt möglichst vermeiden.

3. Den Kindern soll klar gemacht werden, daß sie Negativerzählungen von anderen über Zahnarztbesuche nicht ernst nehmen sollen, und man sollte diese Erzählungen zu Hause mit den Kindern besprechen.

4. Den Behandlungsverlauf mehrere Male durchspielen, eventuell malen lassen.

5. Positive Zielorientierung: „Kannst Du Dir vorstellen, wie Du Dich fühlst, wenn die Behandlung vorbei ist?“

6. Ressourcen finden: „Suche ein Erlebnis, mit einem guten Gefühl, als Du Dich sicher und stark gefühlt hast und ganz mutig warst.“ (z.B.: Musikinstrument, Fußball, Ballett)

7. Name für die Ressource: „Gib diesem guten Gefühl einen Namen, dann kannst Du mit diesem Namen beim Zahnarzt das gute Gefühl herbeizaubern.“

8. Die Eltern sollen sich nur positiv über ihre Zahnarzterfahrungen äußern, fehlen ihnen positive Erfahrungen, sollen sie lieber nichts sagen.

9. Wenn die Eltern bereits eigene Hypnoseerfahrungen haben, sollen sie über das angenehme Hypnoseerlebnis erzählen.

10. Die Kinder darin bestärken, alleine ins Behandlungszimmer zu gehen.

Manchmal ist es schwierig, die Eltern zu motivieren, für das Problem ihres Kindes selbst Zeit und Geld zu investieren. Manche geben gerne die Verantwortung an den Behandler ab, „Sie sind doch der Arzt, Sie haben das doch gelernt, machen Sie mal!“ Dann muß diesen Eltern klar gemacht werden, daß sie Erziehung nicht kaufen können. Die Eltern müssen das Kind in Hinblick auf die Therapie positiv einstellen und vorbereiten.

Verschiedene Entwicklungsstadien des Kindes

Verschiedene Entwicklungsstufen von Kindern und deren Bedeutung für die Induzierung von Trancen:
Nicht jede Kindergeschichte oder Ablenkung ist für jedes Kind in jedem Alter geeignet. Kinder unter sechs Jahren können sich beispielsweise kaum in die Lage anderer Personen versetzen. Man spricht in diesem Zusammenhang auch von ***kindlichem Egozentrismus***. Solche Kinder über eine Stellvertretergeschichte in Trance zu führen, ist wenig sinnvoll. Besser wäre es hier z.B. über taktile Stimulation oder Ablenkung das Kind in Trance zu führen.

Kinder bis zum neunten Lebens-jahr betrachten Ihre Welt größtenteils auf magische Art und Weise. Sie erleben ihre Umwelt oft eher wie im Märchen, als wie in „Wirklichkeit“. Sprechende Geräte, singende Bohrer, lustige, plaudernde Tiere, schlafende Zähnchen etc. das ist das, was diese Kinder verstehen.
Fällt Dir der Umgang mit Kindern in Deiner zahnärztlichen Arbeit schwer, so versuche Dich einmal zu erinnern, wie Du als Kind Deine Zahnarztbesuche erlebt hast und laß Dich von Deinen Erinnerungen dabei für Deine weitere Arbeit inspirieren.

Was war damals gut?
Was hat Dich gestört?
Wovor hattest Du Angst?
War Deine Zahnärztin oder Dein Zahnarzt eher einfühlsam oder grob?
Lerne aus Deiner eigenen Geschichte!

> ☝ Übung: Reise in die eigene Vergangenheit
>
> Dreiergruppen bilden, A= Hypnotiseur, B= Hypnotisand, C= Beobachter
> A versetzt B in Trance mit dem Ziel, daß B zu einer Kindheitssituation geführt wird, in der eine Zahnarztbehandlung erfolgte. B wird in Trance dazu animiert, seine kindlichen Erlebnisse zu schildern. C beobachtet und schreibt eventuell mit.
> Wichtige Fragen von A an B könnten sein:
> Was fühlst du gerade?
> Was stört?
> Was könnte besser sein? ...

Achtung: Das Denken der Kinder ist etwa bis zum 11. Lebensjahr an konkrete Objekte gebunden. Das bedeutet für die Hypnosearbeit: Bei der Formulierung von Trancegeschichten auf *Anschaulichkeit* und *Konkretheit* achten, so daß die Geschichte vom Kind verstanden werden kann. Leerhypnosen mit den typischen unspezifischen Phrasen, die ausgezeichnet bei Erwachsenen wirken, wirken bei Kindern kaum. Erst wenn das Kind etwa 11 oder 12 Jahre ist, und in die Phase des *formalen Denkens* eintritt, wird es für Leerhypnosen oder formale Induzierungen ansprechbar.
Eine große Suggestibilität finden wir bei Jugendlichen (13-17 Jahre). Sehr viele Jugendliche lassen sich sehr schnell in Trance versetzen. Möglicherweise liegt das daran, daß der Jugendliche in dieser Zeit auf der Suche nach seine eigenen Identität ist und während dieser Suche (einer Lebenskrise) bereits wie in Trance ist.

Praktischer Umgang mit dem Kind

Der Linsensack (nach einer Idee von Gudrun Schmierer)

Nähe Dir einen kleinen Sack mit einem weichen Stoff, der etwa halb so groß wie ein Fußball ist. Verschließe den Sack oben mit einem Gummizug, so daß man leicht in den Sack greifen, aber gleichzeitig nichts herausfallen kann. Fülle den Sack mit trockenen Linsen, Muscheln, kleinen Geldstücken, Legosteinen, Buchstabennudeln, Puzzelteilen und auseinandergedrehten Büroklammern. Die Büroklammern dienen als „Warnung“ für hypermotorische Kinder, nicht zu hastig im Sack herumzusuchen, weil sie sich sonst pieksen können.
Das Kind auf dem Zahnarztstuhl bekommt den Sack in die Hand und wird neugierig gemacht. Es soll nun mit einer Hand in den Sack greifen und untersuchen, was da alles drin stecken könnte. Gleichzeitig könnte dem Kind über Kopfhörer Musik aus einem Walkman vorgespielt werden. Die andere Hand des Kindes bedient den Lautstärkeregulierungsknopf des Walkmans. Bei unangenehmen Geräuschen kann es die Lautstärke so regulieren, daß es nichts mehr mitbekommt.

Ziel: Umfassende akustische und kinästhetische Ablenkung des Kindes, so daß eine Behandlung durchgeführt werden kann. Zusätzlich sind die Hände des Kindes derart beschäftigt, daß sie nicht unvorhergesehen die Behandlung stören können. Das Kind kann dazu angeregt werden, sich die Sachen im Sack zu merken und nach der Behandlung aufzuzählen. Als Belohnung bekommt das Kind nach der Behandlung einen Gegenstand aus dem Sack geschenkt.

Handpuppen

Handpuppen können dazu dienen, die innere Angst des Kindes nach außen abzubilden, um sie beherrschbarer zu machen.
Beispiel: Stelle Dir ein Kind vor, daß Angst auf dem Behandlungsstuhl hat. Gleichzeitig will es natürlich auch gesunde Zähne haben, um Nüsse oder andere härtere Sachen leicht essen zu können. Dieser Konflikt im Kind kann nun mittels Handpuppen nach außen transformiert werden. Dazu sind zwei Handpuppen notwendig, die diesen Konflikt darstellen, wie z.B. ein weißer Hase, der gute Zähne hat und ein grüner, der schlech-

tere hat. Beide Hasen diskutieren nun vor dem Auge des kleinen Patienten. Der weiße erzählt von seinem Nüsse-Essen, und der grüne fängt an zu stottern, weil er da nicht mitreden kann. Das Kind kann in den Dialog eingebunden werden und dem grünen Hasen mal sagen, daß es wichtig ist, gesunde Zähne zu haben.
Ziel dieser Arbeit ist es, die Bereitschaft des kleinen Patienten zur Mitarbeit zu gewinnen.

Interessen der Kinder eruieren und sie in die Behandlung einbauen:

Kinder haben unterschiedliche Interessen. Es ist nützlich, über die gegenwärtigen Vorlieben der Kinder Bescheid zu wissen. Mit Jungen beispielsweise über den Tabellenstand der Fußballbundesliga zu diskutieren ist meist ein Volltreffer und stellt einen guten Rapport her. Mädchen sind oft mit Pferdegeschichten oder Geschichten von Haustieren zu begeistern. Musik, Sammelleidenschaften (Bierdeckel, Münzen, Muscheln, Steine, ...) oder andere Hobbys sind ebenfalls gute Möglichkeiten, Rapport herzustellen.

Adressen für den Bezug von Handpuppen: (Katalog zuschicken lassen)

- Fa. Bodrik, Ölbronner Str. 2/1, 75248 Ölbronn-Dürn, Tel. 07237/7390
- W. Kögler, Innerer Nordbahnhof 41, 70191 Stuttgart, Tel. 0711/2567081
- Folkmanis-Jochen Heil, Am Berg 17, 97237 Oberaltenheim, Tel. 09307/99111

Wettkampf

Kinder lieben es, gegen Erwachsene spielerisch anzutreten und sie in einer Art Wettkampf zu besiegen. Es ist leicht möglich, eine Behandlungssituation als eine Art Wettkampf zu betrachten, in dem einer gewinnt und einer verliert. Beispiel (Dialog mit einem 8-jährigen Kind):
Zahnarzt:
„Wir können jetzt mal ein Spiel machen und ich bin wirklich gespannt, ob es Dir gelingt, gegen mich zu gewinnen. Das Spiel ist ganz einfach, aber sehr spannend. Du kannst ja bereits bis 100 zählen. Du zählst nun leise von 0 bis 45 und ich mache in der Zeit meine Arbeit an Deinen Zähnen. Wer zuerst fertig ist, der hat gewonnen. Aber nicht mogeln und Zahlen auslassen, das muß Du mir wirklich versprechen. Auf los geht's los. ...“
(Variationen: Rückwärts zählen lassen, ABC aufzählen lassen, in Zweierschritten zählen lassen ...)

Rapport zum Kind herstellen heißt: Sich in die Welt der Kinder hineinversetzen können, erwachsene Denkmuster kurzzeitig aufgeben zu können.

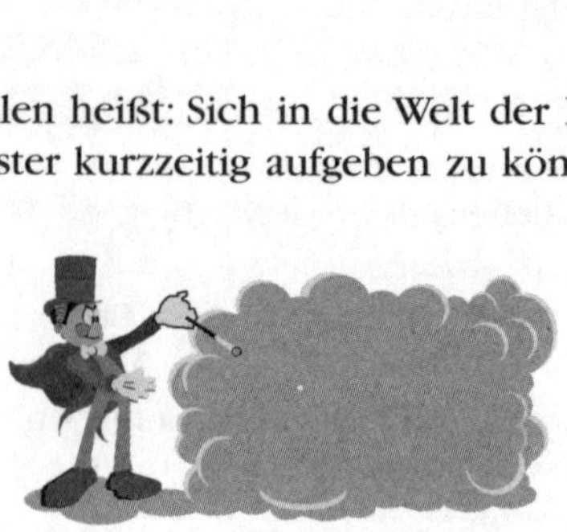

Umdeutung von Reaktionen

Beispiel:
Ein Kind auf dem Zahnarztstuhl hat Angst und fängt plötzlich laut an zu schreien. Statt es, wie in den meisten Fällen, zu beruhigen, wird das Kind für seine Reaktion gelobt:
Zahnarzt:
„Kaum zu glauben, aber Du bist heute wirklich das Kind mit der lautesten Stimme hier. Ich bitte Dich darum, noch ein wenig weiter so laut zu schreien, ich will nur noch mal kurz meine Helferin reinholen, die mir bestätigen soll, daß Du bis heute die lauteste und vollste Stimme hast. Das nehmen wir mal auf Tonband auf, toll, so eine laute Stimme. ...“
oder:
Kind:“ Ih, das blutet ja!“
Zahnarzt:“ Prima, daß das so schön blutet, um so schneller wird die Wunde gesäubert, um so besser heilt es.“
Idee dahinter:
Musterunterbrechnung durch Konfusion. Das Kind wird in seinen automatisierten Reaktionsweisen derart durcheinandergebracht, das es fast zwangsläufig in einen tranceähnlichen Zustand fallen muß. Ein Problem (Schreien) wird urplötzlich zur Ressource. Die Kinder sind dann oft so erstaunt, daß sie gar nicht mehr schreien können.

Daumenfernsehen

Eine effektive Methode, Kinder in Trance zu versetzen, ist das Daumenfernsehen. Das Kind wird gebeten, seinen Arm auszustrecken und auf seinen Daumennagel zu blicken. Dann soll es sich vorstellen, daß es im Daumennagel, so als wäre es ein kleiner Fernseher, seine Lieblingssendung sieht. Viele Kinder können dieser Aufforderung fast augenblicklich nachkommen und sind dadurch schnell abgelenkt. Um zu verhindern, daß das Kind aus seiner Trance wieder herausgleitet, kann man gezielte Fragen nach dem Inhalt des Phantasiefilmes stellen. Hierdurch erhöht sich die Wahrscheinlichkeit, daß der Trancezustand sich stabilisiert.

Dialog und Beziehungsgestaltung mit dem kleinen Kind

Zeitverständnis kleiner Kinder:

Da Kinder die Zeit nicht nach den strengen Kategorien Vergangenheit, Gegenwart und Zukunft organisieren (sie haben mehr fließende Zeitvorstellungen als Erwachsene), ist es wenig sinnvoll, sie über die zeitliche wirkliche Länge einer Behandlung aufzuklären. Flexibilität heißt hier: sich in die Welt des Kindes hineinversetzen können, um es mit seiner Denkweise zu verstehen und ihm entsprechend antworten zu können.

Gleiche Augenhöhe:

Wenn möglich, sollte der Erwachsene versuchen mit dem Kind auf gleicher Augenhöhe zu sprechen. Instinktiv machen das oft Eltern oder Beziehungspersonen, die den Kindern etwas Wichtiges zu sagen haben. Wird das Kind von oben herab angesprochen, hat das oft den Charakter des Belehrenden und Fordernden. Das erzeugt oft unnötigen Widerstand beim Kind. Die Folge: Das Kind wird weniger Mitarbeitsbereitschaft entwickeln.

Rapport-Splitting:

Oft kommt das Kind zum Erstgespräch mit einem Elternteil ins Behandlungszimmer. Schwierig ist es, gleichzeitig zu beiden Rapport aufzubauen und zu behalten. Der Zahnarzt kann beispielsweise, nachdem er mit dem Kind die ersten Worte wechselte, dem Elternteil die weitere Behandlung erklären - gleichzeitig berührt er das Kind z.B. an der Schulter oder am Arm. Dem Kind werden auf diese Weise die non-verbalen, dem Elternteil die verbalen Komponenten des Rapport zuteil. Hier spricht man von Rapport-Splitting.

☝Übung: Behandlung schwieriger kleiner Patienten

2 Personen, A und B
A überlegt, wer sein schwierigster kindlicher Patient ist oder bisher war. B unterstützt A dabei. A macht dann seine Augen zu und versucht, diese Szene innerlich zu sehen, zu visualisieren, so als würde er im Kino ein Zuschauer sein, der auf einer Leinwand sich selber mit dem schwierigen Kind sieht. A soll sich, wenn er das kann, die Frage stellen, was er wohl noch besser mit diesem Kind machen könnte. Achtung: Nicht die Veränderung beim Kind herbeiwünschen oder das Kind und seine Bezugspersonen zu „verurteilen“ ist hier wichtig, sondern Ideen zu entwikkeln, die das eigenen Handeln erweitern können.

Hilfe bei Hilflosigkeit

Um ängstlichen Kindern ihr Gefühl des Ausgeliefertseins und der Hilflosigkeit zu nehmen kann man Folgendes tun:
Das Kind wird ermutigt, mit seiner Hand ein Bein oder einen Arm des Behandlers zu fassen. Immer wenn es zu sehr kitzelt oder komisch wird, so darf das Kind mit seiner Hand drücken und die Behandlung wird unterbrochen. Oft sind es nämlich gar nicht so sehr die zu erwartenden Schmerzen, sondern das erlebte Ausgeliefertsein, das starke Angst erzeugt. Es ist wichtig, sich an seine eigenen Abmachungen zu halten, um keinen Vertrauensbruch zu riskieren.
Natürlich gilt auch hier, wie bei allen ängstlichen Patienten, angstauslösende Worte oder Umschreibungen durch positive Ausdrucksformen zu ersetzen und möglichst wenig Negationen zu gebrauchen:
Beispiele:

negative Formulierung:	*positive Formulierung:*
"Du brauchst keine Angst zu haben."	"Es ist vollkommen in Ordnung, wenn Dein Herz ordentlich schlägt, laß es in Ruhe weiterschlagen!"
"Es tut nicht weh."	"Vielleicht kitzelt es ein wenig!"
"Nicht so verkrampfen."	"Noch ein bißchen mehr lockern."
"Das ist doch nicht so schlimm."	"Es gibt oft viele Möglichkeiten, an etwas Schönes zu denken."

☝ Achtung:

So gut auch diese negative Formulierung wie „Es tut nicht weh!" gemeint ist - kein Mensch kann voraussagen, was ein anderer fühlen wird. Sollte das Kind doch wider Erwarten Schmerzen fühlen, so wird es, verständlicherweise, Dir nicht mehr glauben. Der Rapport zum Kind ist dann ernsthaft beschädigt. Formulierungen also offen halten und positiv umrahmen.

Denke dran: Kinder gehen schnell in Trance und wieder hinaus. Die eigentliche Kunst der Kinderhypnose besteht darin, den Trancezustand des Kindes gezielt in die Länge ziehen zu können.
Eine immer wieder gestellte Frage: Sollten Eltern während der Behandlung von ihren Kindern dabei sein oder nicht?
Diese Frage läßt sich nicht ohne weiteres beantworten. Wenn Euer Rapport zum Kind leidet, wenn die Eltern gegenwärtig sind, so schickt sie raus. Ansonsten kann man die Eltern leicht als zusätzliche Ressource im Behandlungsraum ansehen und sie vielleicht in eine weitere Ablenkungstrance einbauen.

Angstübertragung der Eltern auf das Kind

Die Ängste der Kinder vor dem Zahnarzt sind oft die nach außen projizierten Ängste ihrer Eltern oder Bezugspersonen. Da Kinder extrem feine Wahrnehmungsmeßfühler besitzen, nehmen sie fast alle Ängste der Erwachsenen unterschwellig wahr. Selbst wenn sich die Erwachsenen bemühen, ihre Ängste zu verbergen, so entgehen sie den Kindern kaum. Wenn es dem Zahnarzt gelingt, die Eltern selber streßfrei und einigermaßen entspannt zu behandeln, so wird sich diese gute Atmosphäre automatisch auch auf das Kind übertragen.

Die Ampelinduktion

Dr. Robert Schöderböck (DGZH-Mitteilungen, September 1997, Seite 5-7) entwickelte eine einfache aber effektive Technik, mit der er schwierige Kinder zahnärztlich behandelt: Die Ampelinduktion:

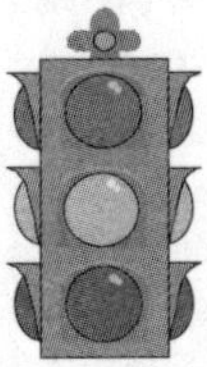

Er vereinbart mit den Kindern, die auf dem Zahnarztstuhl sitzen, ein Stopsignal, was sich hervorragend für die Induktion einer Trance eignet. Behandelt wird in unserem Beispiel das etwa 6-jährige Kind Lisa:

„Weißt du, Lisa, wir machen jetzt ein Zeichen aus, bei dem wir dann später sofort mit der Behandlung stoppen.
Also, wenn der Arm unten ist, ist das für uns GRÜN, wie bei einer Ampel. Dann dürfen wir im Mund etwas machen, O.K.?
Wenn Du den Arm halb hoch hebst, bedeutet das HALT oder STOP, wie bei einem Polizisten auf einer Kreuzung, oder einer Ampel, die auf ROT schaltet. Hier machen wir dann sofort Pause. Alles klar?
So, zeig mir das jetzt einmal. Wo ist GRÜN?
Wo ist GELB?
Wo ist ROT?
(Meistens fährt der Arm dann ziemlich schnell in die Höhe)
Super, Lisa. Aber weißt du, das ganze mußt du viel langsamer und vorsichtiger machen. Stell Dir vor, eine Ampel würde so schnell umschalten oder ein Polizist auf einer Kreuzung den Arm so rasch hochreißen. Die Autofahrer würden bestimmt ganz schön erschrecken! Und bei uns wäre das genauso.
Ich zeig Dir das ganze noch einmal."

Man nimmt anschließend den Arm des Kindes und fährt die einzelnen Positionen einige Male langsam durch. Dann wird das Kind gebeten, mit geschlossenen Augen die einzelnen Armpositionen durchzugehen. Dabei führt man die Hand des Kindes langsam von der ROT- in die GRÜN-Position und läßt sie ein paar Zentimeter über der Ruheposition kataleptisch stehen. Dem Kind kann dann eine Geschichte von einer Autofahrt erzählt werden, während es den Mund aufmacht. Gleichzeitig wird das Kind mit bestimmten Suggestionen, wie zum Beispiel einer sich entwickelnden Müdigkeit während einer langen Autofahrt, so weit abgelenkt, das mit der Behandlung begonnen werden kann.

Die Wiegetechnik

Die Wiegetechnik ist eine hypnotische Technik, mit der nervöse Kinder über Körperkontakt beruhigt werden können. Da unruhige Kinder auf dem Zahnarztstuhl schwer zu behandeln sind, weil sie zu unberechenbaren Bewegungen neigen, kann man solche Kinder mit dieser Methode entspannen.
Das Kind sitzt aufrecht auf dem nach unten gefahrenen Behandlungsstuhl und der Zahnarzt legt eine Hand auf den Bauch des Kindes, um seine Atmung zu pacen. Hierzu hebt er immer dann leicht seiner Hand, wenn das Kind einatmet und senkt sie, wenn es ausatmet. Dann greift er vorsichtig mit seine anderen Hand den Hinterkopf des Kindes und bewegt den gesamten Oberkörper sanft im Atemrhythmus des kleinen Patienten. Atmet das Kind ein, so bewegt der Zahnarzt den Kopf und den Oberkörper leicht und zart nach hinten, atmet das Kind aus, so werden Kopf und Oberkörper nach vorne bewegt. Dann beginnt der Zahnarzt damit, behutsam immer schnellere Bewegungen zu machen (Wiegebewegungen) - das Kind gerät auf diese Weise in einen regressiven Zustand, während der Zahnarzt oder die Helferin beruhigende Worte zum Kind sprechen oder (und) leise Kindermusik im Hintergrund läuft.

Plötzlich beginnt der Zahnarzt damit, seine Hand, die den Hinterkopf des Kindes stützt, relativ schnell nach unten sinken zu lassen. Das Kind erlebt dadurch eine schnelle Veränderung seiner Lage (es gerät in eine Liegeposition), was zu einer Art räumlichen Konfusion führt. Der Zahnarzt suggeriert in diesem Moment der erhöhten Suggestionsbereitschaft des Kindes, daß es zu träumen anfangen darf und die Augen schließen soll (es kann von seinen Lieblingstier träumen, seiner Bierdeckelsammlung, der Puppenstube oder ähnlichen Dingen, die vorab bereits erfragt wurden).

Die Eiskügelchentechnik

Dr. Allan Krupka hat eine interessante Technik entwickelt, die bei Kindern angewendet werden kann, die Angst vor Spritzen haben: Die Eiskügelchentechnik.
Dem ängstlichen kleinen Patienten gegenüber wird das Wort „Spritze" nicht erwähnt, sondern es wird gesagt, daß anstelle einer Spritze Eiskügelchen verwendet werden. Diese Kügelchen haben unterschiedliche Geschmacksrichtungen, manche schmecken nach Erdbeer, andere nach Himbeer, Schokolade, Vanille, Waldmeister usw. Dem Kind wird dann eine appetitlich beklebte Ampullendose (mit Obst, bzw. Eis oder Gemüse) vorgehalten, aus der es sich seine Eiskügelchen herausnehmen kann (mit der Bemerkung: „Laß Dich überraschen, ob Du Deinen Lieblingsgeschmack gezogen hast."). Danach werden alle vom Kind selbst ausgewählten „Eiskügelchen" mit der Spritze aufgezogen und ihm wird anschließend gezeigt, wie sie aus der Spritze entweichen (wenn langsam Flüssigkeit aus einer Spritze gepreßt wird, bilden sich automatisch Flüssigkeitskugeln). Das wirkt sehr überzeugend, da die kleinen Tropfen an der Kanüle entlangwandern, als seien es Kügelchen. Nun wird die Kanüle an das Zahnfleisch gehalten und dabei suggeriert, daß zwar die ersten Kügelchen noch etwas drücken könnten, aber die folgenden werden kaum noch bemerkt und irgendwann beginnt dann das Zähnchen einfach einzuschlafen. Nach der Behandlung wird das Kind gefragt, was es denn geschmeckt hat. Eine häufige Antwort: „Ja, das schmeckte wirklich nach ..."

Z5: Anwendungen der Zahnärztlichen Hypnose 2 (NLP 2)

Ideomotorische Signale etablieren

Das Unbewußte kann sich in Form ideomotorischer Signale mitteilen, das heißt, es äußert sich über kleinste Muskelbewegungen, die man mittels entsprechender Suggestionen verstärken kann. Mit bestimmten Methoden ist es möglich, mit unbewußten Anteilen des Patienten Kontakt aufnehmen zu können. In der Zahnarztpraxis sind die sogenannten ideomotorischen Fingersignale beliebt.

Die ideomotorischen Fingersignale:

Für den Patienten auf dem Zahnarztstuhl ist es manchmal schwierig, sich mit Worten mitzuteilen. Sein Mund steht während der Behandlung offen (manchmal kann er ihn auch gar nicht zumachen) - er kann dann höchstens versuchen, sich mit Zeichen oder elementaren Lauten verständlich zu machen. Um in einem solchen Fall dem Patienten ein Ausdrucksmittel in die Hand zu geben, kann man vor der Behandlung ideomotorische Signale etablieren. Wie macht man das?

Man entspannt den Patienten oder versetzt ihn in eine leichte Trance und macht dabei seine Hand kataleptisch. Zusätzlich bittet man den Patienten, keine Gefälligkeitsreaktionen zu produzieren, um sicher zu gehen, daß man echte ideomotorische Signale bekommt. Der Zahnarzt zum Patienten:

„Gut so, ... lassen Sie einfach Ihre Hand da, wo sie gerade ist <Hand steht in der Luft und ist kataleptisch> und denken Sie bitte einfach an etwas, das stimmt, wo Sie innerlich *ja* dazu sagen würden. Wenn ich Sie zum Beispiel fragen würde, ob Sie gerade in meiner Praxis auf dem Behandlungsstuhl sitzen, würden Sie bestimmt mit *ja* antworten, ebenfalls würden Sie mit ja antworten, wenn ich Sie fragen würde, ob heute Donnerstag ist <heute ist Donnerstag>. Gleichzeitig bitte ich Sie immer dann, wenn Sie innerlich *ja* sagen, den Zeigefinger der starren Hand zu bewegen, oder es zu versuchen. Es soll also sichergestellt werden, daß das Heben des Zeigefingers mit einem inneren (leise) oder äußeren (laut) *ja* verknüpft wird ...“

<Mach das so lange, bis Du den Eindruck hast, daß die Fingerbewegung gebahnt ist. Du mußt nun die Bahnung testen, um sicherzugehen, daß sie wirklich stabil ist. Frage den Patienten etwas, auf das er mit ja antworten muß, bitte ihn gleichzeitig nicht absichtlich seinen Finger zu heben und beobachte. Wenn die Bahnung stabil ist, dann wirst Du feststellen, daß sich der Finger automatisch hebt, wenn der Patient nur an ein *ja* denkt. Es spielt hier überhaupt keine Rolle, ob der Patient diese Bewegung bewußt registriert oder nicht!

Genau so gehst Du mit dem *nein* vor. Du definierst einen anderen Finger als *Nein-*

Finger und stellst ein paar Fragen, auf die es nur eine Antwort geben kann: *nein*! Du kannst zum Beispiel nach falschen Namen fragen (so wie im Märchen von Rumpelstilzchen), falschen Daten (haben wir jetzt das Jahr 1919?) oder etwas ganz anderes. Wichtig ist hierbei immer Eindeutigkeit. Dann testest Du auch wieder diese *nein*-Bahnung auf Stabilität.

Du kannst auch noch einen dritten Finger, den „ich will nicht/ich weiß nicht Finger" etablieren. Hier könntest Du Fragen in der Art stellen wie:" Wird in zwei Wochen die Sonne länger scheinen?", oder „weißt du, was Du in drei Jahren zum Geburtstag bekommen wirst?" ... Auch hier die Bahnung mittels Abschlußfragen auf Stabilität hin prüfen.

Welche Finger sind gut geeignet?
Prinzipiell kannst Du das mit allen Finger machen. Es hat sich jedoch gezeigt, daß es sinnvoll ist, folgende Finger zu nehmen:

Zeigefinger	=	Ja-Finger
Daumen	=	Nein-Finger
kleiner Finger	=	ich will nicht, ich weiß nicht Finger

Nachdem Du die einzelnen Bewegungen gebahnt hast, sagst Du dem Patienten, daß während der Behandlung seine Finger unter ständiger Beobachtung stehen (von der Helferin oder Dir selber). Sobald sich der Nein-Finger bewegt, wird die Behandlung unterbrochen und versucht, die Störungsquelle zu finden und auszuschalten. Er brauche sich bewußt gar nicht um seine Hand zu kümmern, sondern solle einfach alles seinem Unbewußten überlassen.

☞ Achtung: Wenn es eine Störung während der Behandlung gibt und der Nein-Finger des Patienten zuckt, dann Behandlung (wenn möglich) unterbrechen. Du hast dann die Möglichkeit, mit dem Ja- und Nein-Finger die Störungsquelle zu suchen. Frage zum Beispiel:
„Kannst Du mir mitteilen, was stört?" Hier kann es sein, daß der Patient zu sprechen anfängt und den Grund der Störung nennt.
Wenn der Patient nicht sprechen kann, so frage über richtige Ja- und Nein-Fragen die Hand des Patienten, was der Grund der Störung ist.

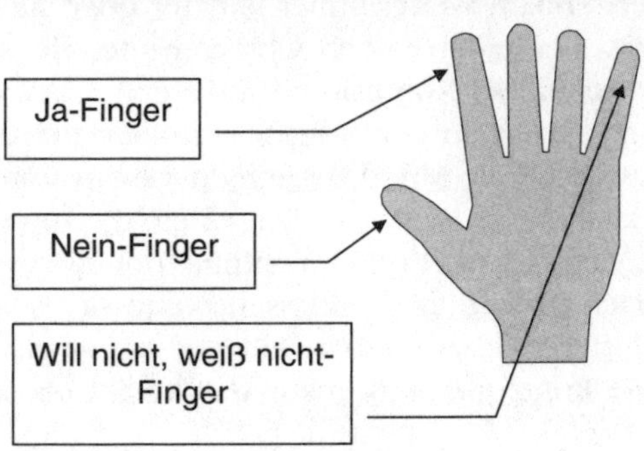

Ein Beispiel aus der Praxis:

Der Mann mit dem Bart

Ein Patient, Bartträger, wurde auf dem Zahnarztstuhl in Trance versetzt. Vorher wurden auf die oben beschriebene Weise ideomotorische Fingersignale etabliert. Der Patient schien in einer stabilen, tieferen Trance zu sein, als sich plötzlich, relativ unvermutet, der Nein-Finger bewegte. Die behandelnde Zahnärztin unterbrach sofort die Arbeit (sie bohrte am Zahn) und fragte das Unbewußte des Patienten, ob es den Grund der Störung kenne. Der Ja-Finger des Patienten bewegte sich und begann plötzlich in Richtung Bart zu zeigen. Was war geschehen? Ein einzelnes Barthaar hatte sich an einem Knopf des Kittels der Zahnärztin verhakt und ziepte offenbar. Der Patient empfand hier Schmerzen, weil die Körperstelle, an der das Haar mit dem Körper verbunden war, nicht anästhesiert gewesen war. Schnell wurde Abhilfe geschaffen und das gefangene Haar „befreit".
Für Außenstehende ein fast skurriler Anblick. Vollkommene Schmerzfreiheit während der Behandlung im Mund, aber ein einzelnes Barthaar, daß zur Unterbrechung der Behandlung gezwungen hatte.

Seeding

Der Begriff kommt aus dem Englischen und bedeutet so viel wie Saatgut ausstreuen oder Keime setzen. So wie also der Bauer auf dem Feld sein Saatgut streut und darauf wartet, bis es aufgeht, so kann der Hypnotherapeut mittels bestimmter indirekter Suggestionen Ideen säen und auf diese Weise das Feld für die weitere therapeutische Arbeit vorbereiten.
Lies einmal folgenden Text:

<der Patient befindet sich auf dem Zahnarztstuhl, der Zahnarzt erzählt>

„... Schön, daß Sie es sich jetzt schon so bequem gemacht haben. Es ist ja schon spät am Tag, und viele Menschen sitzen jetzt schon zu Hause und haben die Beine hochgelegt und ruhen sich aus. Wenn man in Trance fällt, ist das manchmal so, als würde man ein kleines Nickerchen machen und den lieben Gott einen guten Mann sein lassen. Dann entsteht so ein Gefühl, daß man gleich wegschweben könnte, und manchmal wird es einem auf kaum verstehbare Weise immer leichter oder auch schwerer oder leichter und schwerer oder weder leichter noch schwerer oder viel schwerer und kaum leichter oder umgekehrt <dient der Konfusion> Und wenn man dann abends sich so richtig auszuspannen beginnt und sein erstes Feierabendbier aufmacht und es schön zischt, dann läuft einem das Wasser im Mund zusammen <Entspannungszeichen>, und manchmal, wenn man wirklich müde ist, dann fallen einem die Augen oft von selber zu, ... und ich weiß nicht, wie sich das so bei Ihnen anfühlt, richtig entspannt zu sein und gelöst Ihre Gedanken einfach davonfliegen zu lassen, wenn Sie es sich erlauben, sich einfach treiben lassen zu dürfen, wie ein Stück Holz auf einem gemächlich dahinfließenden breiten Strom, in aller Ruhe und Muße, denn das Stück Holz läßt sich einfach weitertragen, ohne daß es weiß, wohin der große Strom es trägt, Bilder, Gedanken, Gefühle, Empfindungen, Geräusche, Töne, Klänge, Farben ..."

Der Zahnarzt erzählt erst eine scheinbar belanglose Geschichte, in die bereits bestimmte Worte gesät wurden, die eine sich ausbreitende Entspannung begünstigen können. Diese Worte können zusätzlich sprachlich markiert werden, um sie vom übrigen Textkörper abzuheben. Das Unbewußte des Patienten wird diese Worte in ihrer Bedeutung verstehen.
Je nachdem, was man bezweckt, kann man theoretisch in jedes Gespräch Worte säen, um den Zuhörer auf bestimmte Themen hin vorzubereiten.

Deuten und Umdeuten von Beschwerden und störenden Verhaltensweisen

Reframing

Mit einem Reframing kann man schnell eine festgefahrene Situation entspannen. Man deutet schnell eine Aussage um - die Folge:
Alte Denkgewohnheiten kommen durcheinander, neue Denkmuster können sich dann entwickeln.

Das einfache Reframing, Beispiele

Erstes Beispiel:
„Ich habe immer Lampenfieber!"
„Schön, daß Ihr Körper Ihnen derart viel Energie bereitstellt!

Zweites Beispiel:
„Ich kann mich nicht leiden!"
„Alle Achtung, von wem haben Sie diese Form der tiefen Aufrichtigkeit?"

Drittes Beispiel:
Die Eltern in der Erziehungsberatung:
„Unser Sohn bringt die Lehrer immer auf die Palme!"
Der Berater:
„Von wem hat Ihr Sohn dieses kräftige soziale Durchsetzungsvermögen?"

Ein Reframing aus der Antike:
Als der Sohn einer bekannten Prostituierten im alten Griechenland einmal einen Stein in maßloser Wut in eine Menschenmenge warf, ermahnt ihn Diogenes: „Paß auf, daß Du nicht Deinen Vater triffst!"

Das Reframing stellt hier die Wut auf andere in Zusammenhang zur eigenen „Entstehungsgeschichte" dar.

Reframings sind in Politikerreden häufig zu finden. So werden Eroberungsfeldzüge als „Befreiungsaktionen" deklariert oder Entlassungen von Arbeitern als „Freisetzung". Vertreibung friedlicher Menschen heißt „ethnische Säuberung" und das gesellschaftliche Leid unterprivilegierter Menschen wird als Beweis herangezogen, daß es den meisten von uns gut geht. Und außerdem bedeuten ja 30% Ehescheidungen 70% funktionierende Ehen, und sind der Beweis für die Stabilität der Familie.

Das Six-Step-Reframing

Das Six-Step-Reframing ist ein stark formalisiertes Modell aus dem Neurolinguistischen Programmieren. Es eignet sich gut dafür, einen Teil, der zu einem unerwünschten Verhalten drängt oder zu einer unerwünschten Reaktion führt, zu verändern. Auch psychosomatische Beschwerden sind mit diesem Modell behandelbar.
Es ist wichtig, drei grundsätzliche Vorannahmen zu kennen, um dieses Modell verstehen zu können:

Vorannahmen:
- Wir Menschen bestehen alle aus unterschiedlichen Teilen.
- Diese Teile verfolgen auf einer ganz tiefen, unbewußten Ebene alle eine positive Absicht (kein Teil will einem Individuum wirklich schaden)
- Man kann mit diesen Teilen kommunizieren

Um das Modell des Six-Step-Reframings zu verstehen, denken wir uns einen Patienten aus, der sich sein nächtliches Zähneknirschen abgewöhnen will.
Dieser Patient besteht aus mindestens zwei Teilen:

a) dem „Knirscherteil" (der Teil, der die Zähne nachts knirschen läßt),
b) dem Nicht-Knirschen-Wollen-Teil (Der Teil, der ihm sagt, daß er damit seine Zähne massiv schädigt).

Die einzelnen Schritte im Six-Step-Reframing sehen folgendermaßen aus:

1. Bestimmen des Verhaltens (oder der Reaktion), das geändert werden soll

Hier kommt der Patient zu dem Zahnarzt und äußert den Wunsch, sich das nächtliche Knirschen abgewöhnen zu wollen. Er sagt, daß er schon viel versucht habe, aber nichts hat bisher geklappt.

2. Kontaktaufnahme mit dem Teil, der für das unerwünschte Verhalten verantwortlich ist (der „Knirscherteil")

Hierzu sollte der Patient sich ein wenig entspannen und mit seiner Aufmerksamkeit nach innen richten. Der Patient wird ermutigt, sich ganz aufrichtig und offen zu fragen ob der Teil, der für das unerwünschte Verhalten verantwortlich ist, sich meldet. Der Patient sollte dazu animiert werden, seine ganzen Sinne zu schärfen und sensibel auf die Reaktionen seines Körpers und Geistes zu achten. Der Teil ist ihm nämlich nicht bewußt (sonst hätte er es ja einfach ändern können). Der Teil spricht häufig in seiner eigenen Sprache, der Körpersprache (zum Beispiel über bestimmte Körpersensationen wie Kribbeln, Schwere, Hitze, Leichtigkeit ...). Er kann sich aber auch über bestimmte Bilder, Klänge oder Töne äußern, oder vielleicht gar ganz anders.
Nehmen wir an, der Teil zeigt sich kommunikativ und es wird ein Signal registriert. Dann bittest Du, als Therapeut dieses Signal in eine Ja-Reaktion umzuwandeln. Ein Ja könnte hier heißen: das Signal wird stärker. Ein Nein: Das Signal wird schwächer.
Bitte den Teil des Patienten, daß er jeweils ein Ja- und ein Nein-Signal getrennt hintereinander gibt, so daß der Patient valide zwischen den unterschiedlichen Signalen auseinanderhalten kann.

3. Dreh- und Angelpunkt des Six-Step-Reframings: Herausfiltern der positiven Absicht des unerwünschten Verhaltens

Hier wird der Teil nun gefragt, ob er die positive Absicht des unerwünschten Verhaltens dem Fragesteller mitteilt. Die positive Absicht ist unbewußt und der Fragesteller könnte überrascht werden, was der Teil ihm antwortet. Wie aber antwortet der Teil denn nun?
Der Teil wird gebeten mit dem Ja-Signal zu antworten, wenn er die positive Absicht mitteilt. Es ist jedoch nicht unbedingt nötig, die positive Absicht zu kennen, sie bewußt wahrzunehmen. Manchmal ist es so, daß der Fragesteller eine innere Ja-Antwort bekommt, aber die Absicht nicht klar vor das Bewußtsein tritt. Dann spürt er nur, daß es eine positive Absicht gibt, ohne weitere Erklärungen dafür zu haben.
Bei einem Nein-Signal des Teils sollte der Fragesteller die Bedingungen eruieren, unter denen der Teil bereit wäre, die positive Absicht mitzuteilen. Er könnte zum Beispiel fragen, ob der Teil bereit ist, jetzt die Bedingung (oder die Bedingungen) mitzuteilen, unter der die positive Absicht deutlich werden kann.
Schließlich wird der Teil gebeten zu antworten, ob er einen Versuch wagen würde. Der Teil wird respektvoll gefragt:
„Wenn es andere, bessere Möglichkeiten geben würde, die positive Absicht zu erfüllen, würdest Du dann bereit sein, diese Möglichkeiten einmal auszuprobieren?"
Wenn Du dieses Modell bis zu diesem Punkt sorgfältig durchlaufen hast, wirst Du an dieser Stelle sehr wahrscheinlich eine Ja-Antwort erhalten. Ein Nein würde hier bedeuten, daß der Teil nicht das Beste für den Menschen will, in dem er wirkt, das ist ausgesprochen unwahrscheinlich. Bekommst Du trotzdem an dieser Stelle eine Nein-Antwort, so ist vermutlich das Signalsystem durcheinandergeraten - beginne dann diesen Prozeß noch einmal von vorne.

4. Kontaktaufnahme mit dem kreativen Teil

Es geht nun darum, mit einem anderen Teil Kontakt aufzunehmen, mit dem kreativen Teil. Das ist der Teil, der für die Ideen, Erfindungen, Innovationen und Phantasien zuständig ist, der die Gedanken beflügeln kann, der grenzenlos träumen kann. Dieser Teil wird nun gebeten, sich zu melden und Alternativen und neue Wege zu suchen, die denselben Zweck erfüllen wie das unerwünschte Verhalten (die unerwünschte Reaktion). Es kann sein, daß dieser Teil viele verschiedene Ideen oder Gedankenblitze produziert und den Fragesteller überrascht. Jede neue Idee darf vor das innere Auge, Ohr oder Gefühl treten und gesammelt werden. Jede neue Idee ist willkommen. Anschließend kann man sich bei seinem kreativen Teil für seine Ideengeschenke bedanken.

5. Kontaktaufnahme mit dem Teil, der für das störende Verhalten verantwortlich ist und die Frage, ob er in den nächsten Wochen dazu bereit wäre, die neuen Ideen (statt des alten, unerwünschten Verhaltens) des kreativen Teils auszuprobieren

Nun wird wieder der Teil gerufen, der für das störende Verhalten verantwortlich ist. Dieser Teil wird nun gebeten, auf die Frage zu antworten, ob er statt des alten (unerwünschten) Verhaltens, etwas Neues, vielleicht Besseres ausprobieren wolle. Normalerweise wird der Teil mit „ja" antworten. Wenn er mit „nein" antwortet, so ist es gut, dem Teil zu versichern, daß er jederzeit wieder auf die alten, vertrauten Verhaltensweisen zurückgreifen darf, wenn es notwendig ist. Wichtig hier: Den Teil zu ermuntern, mal etwas Neues auszuprobieren.
Stimmt der Teil zu, so kann der Patient in eine leichte Trance geführt werden und sich überraschen lassen, welche Alternativen sein Unbewußtes ihm anbietet, die er, statt des alten Verhaltens, ausprobieren sollte. Zwei bis drei Alternativen reichen hier schon, um neue Erfahrungen zu machen. Sollten noch viel mehr Ideen gleichzeitig auftauchen, so kann der Teil sich die seiner Meinung nach besten (nicht mehr als drei) aussuchen, um sie in der nächsten Wochen auszuprobieren.

6. Ökologie-Check

Manchmal gibt es ernsthafte Einwände gegen jede Form der inneren Veränderung. Es kommt ja schließlich so einiges durcheinander und manche inneren Anteile können da schon mal protestieren, nach dem Motto: Was der Bauer nicht kennt, frißt er nicht!
Es ist wichtig, daß alle inneren Anteile einer möglichen Veränderung zustimmen, um Komplikationen zu vermeiden. Hierzu kann in einer leichten Trance die Frage gestellt werden, ob es prinzipielle Einwände gegen die beabsichtigte Form der Veränderung gibt. Wenn es Einwände geben sollte (der Fragesteller merkt das z.B. an ganz bestimmten Körpersensationen), so kann nach den Bedingungen gefragt werden, unter denen die Teile bereit wären, die Veränderung zu akzeptieren. Es ist ebenfalls möglich, mit diesen Teilen wiederum ein Six-Step-Reframing zu durchlaufen, um sie zur Veränderung zu veranlassen.

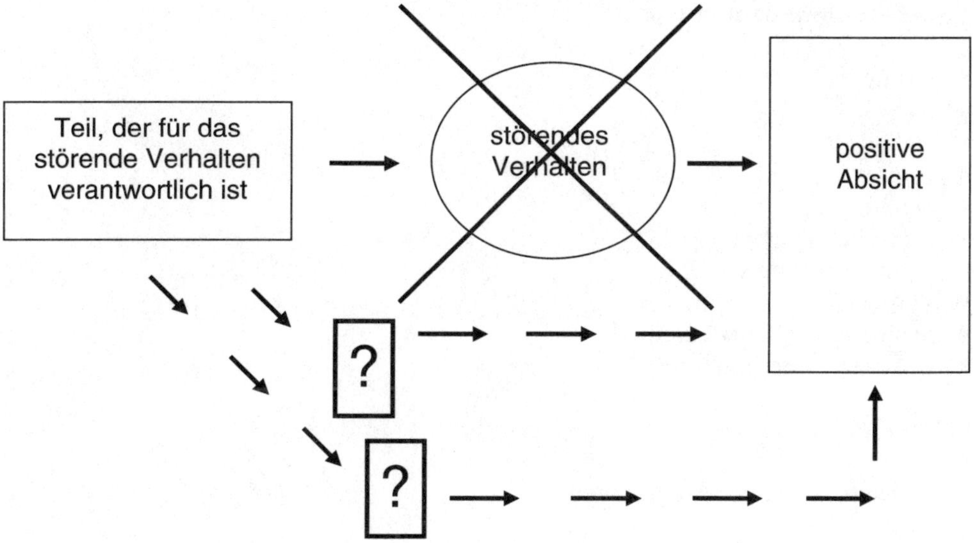

Abbildung: Six-Step-Reframing

> ☝Übung: Six-Step-Reframing
>
> Drei Personen: A = Anleiter, B = Versuchsperson, C = Beobachter
> B formuliert ein unerwünschtes Verhalten von ihm, das A mittels des Six-Step-Reframings zu verändern versucht. C beobachtet.

Submodalitätenarbeit

Submodalitäten sind die feinen, qualitativen Untergliederungen innerhalb der verschiedenen Sinnessysteme:

> Versuch: Mache kurz (30 Sekunden) die Augen zu und versuche Dir ein Gewitter vorzustellen:

Jeder wird diese Vorstellung anders innerhalb seines 5-Sinne-Systems repräsentieren. Der eine sieht vielleicht Blitze, die ganz nah sind, ein anderer eher bedrohliche schwarze Wolken am Horizont, wieder ein anderer sieht die Wolken direkt über sich, ganz deutlich und scharf.
Ein akustisch orientierter Mensch hört vielleicht das Grollen des Donners oder das Pfeifen von starken Windböen, und die Blätter der Bäume laut rascheln.
Kinästhetisch orientierte Menschen spüren vielleicht dieses schwer beschreibbare kribbelnde Gefühl, die elektrischen Ladungen der Luft an ihrer Haut, den Haaren usw.

Visuelle Submodalitäten sind:

- Größe
- Nähe
- Helligkeit
- Kontrast
- Schärfe
- Farbigkeit (schwarz-weiß)
- Dimensionalität
- Rahmen
- Standbild der filmähnlich
- dissoziiert oder assoziiert

Akustische Submodalitäten sind:

- Lautstärke
- Richtung des Geräusches
- Tonhöhe
- Rhythmus
- Deutlichkeit
- Stereo-Mono
- Dauer
- Klangfülle
- Art des Geräusches (Wort, Musik ...)

Kinästhetische Submodalitäten sind:

- Gewicht (leicht schwer)
- Oberflächenbeschaffenheit
- Dauer
- Ort der Empfindung
- Intensität
- Ausdehnung der Empfindung

Diese Liste ist keineswegs vollständig. Manche Submodalitäten sind digitaler Natur, andere analoger. Die visuelle Submodalität Standbild oder Film läßt sich nur nach dem Prinzip *entweder oder* beschreiben. Entweder sehe ich ein inneres Bild bewegend oder eher wie ein Foto, also standbildmäßig. Die akustische Submodalität Lautstärke (und die meisten anderen auch) ist analoger Natur, sie läßt sich stufenlos verstellen, wie ein Lautstärkeregler am Radio.

Praktische Anwendung:

Beispiel:
Ein Patient in der Zahnarztpraxis zeigt starke Angstreaktionen. Durch gezieltes Nachfragen wird es möglich, die submodale Kodierung seiner Angst zu entschlüsseln:

Patient:
„Ich habe starke Angst!"
Zahnarzt:
„Wie fühlt sich denn Ihre Angst an?"
Patient:
„Mein Brustkorb ist bleischwer." (Zwei kinästhetische Submodalitäten:
Lokalisation: Brustkorb
Gewicht: bleischwer)
Zahnarzt:
„Wie sieht denn Ihre Angst aus, wenn Sie sich vorstellen, sie könnten Sie sehen?"
Patient:
„Ich sehe überall schwarz!" (Zwei visuelle Submodalitäten:
Lokalisation: überall
Farbe: schwarz)
usw.
Wenn man verschiedene Submodalitäten herausgearbeitet hat, so kann man damit beginnen, sie gezielt zu verändern, um dem Patienten Erleichterung zu verschaffen, z.B.:

Zahnarzt:
„Lenken Sie einmal die Schwere im Brustkorb auf die Beine, und lassen Sie sie bis in die Füße hinunter abfließen ..." oder
„Lassen Sie in das viele Schwarz vor Ihren Augen ein paar Farbtropfen hineinfließen, einfach so ..."

Wenn Du damit experimentierst, wirst Du feststellen, daß es ganz bestimmte Submodalitäten gibt, die eine besonders intensive Wirkung auf den Patienten haben. Das sind die sogenannten <u>Schlüsselsubmodalitäten</u>.

☝Übung: Kodierungsmuster erkennen

2 Personen: A = Anleiter, B = Versuchsperson
A fragt B nach bestimmten Gefühlen, die er kennt (z.B.: Freude, Lust, Neugier ...). A versucht nun das submodale Kodierungsmuster dieser Gefühle durch Fragen (Konjunktiv) zu eruieren. Submodalitäten mitschreiben.

Vertiefende Trancetechniken

Zählmethode

In einigen Fällen ist es wichtig, den Trancezustand des Patienten noch zusätzlich zu vertiefen, zum Beispiel dann, wenn ein chirurgischer Eingriff unter Hypnose erfolgen soll. Die wohl einfachste Methode der Vertiefung ist die Zählmethode. Man zählt hierbei einfach von 10 herab bis Null und suggeriert eine sich ausbreitende Trancetiefe: Beispiel:

<der Patient befindet sich bereits in Trance>
„... und ganz langsam zähle ich von Zehn herab bis Null, immer tiefer und tiefer, ... je tiefer ich herunterzähle, desto tiefer fallen Sie in Trance, so wie ein Stein, der in warmem Wasser immer tiefer und tiefer sinkt, immer tiefer und tiefer, 10, ... 9, ...8, ... „

<die sich vertiefende Trance kann zusätzlich auch an ein ideomotorisches Signal gekoppelt werden, in der Art, daß man suggeriert, daß, je tiefer die Trance sich ausbreiten werde, desto höher werde der rechte Arm nach oben steigen>

10

9

8

7

6

5

4

3

2

1

0

„Schlafe mein Prinzchen schlaf ein ...“

Konfusionsmethode

Durch das Erzeugen von zeitlicher, begrifflicher oder räumlicher Konfusion kann man ebenfalls eine starke Vertiefung eines Trancezustandes herbeiführen. Zum Beispiel:

Beispieltext „Zeitreise“ (aus Eberwein/Schütz „Die Kunst der Hypnose“):

„... Stell dir vor, daß Du eine Zeitreise in Deine eigene Vergangenheit machst. Du siehst aus Deiner Vergangenheit die Gegenwart. Und es ist wirklich seltsam, sich vorzustellen, wie es wäre, in der Gegenwart zu sein, wie aus der Vergangenheit wahrgenommen,

während zukünftig, aus Sicht der Gegenwart die Vergangenheit sich in der inneren Zeit derart spiegelt, daß die gedachte Zukunft als äußere Zeit sich in der vorgestellten Gegenwart aus Sicht der phantasierten Vergangenheit ergibt.
Und die innere Gegenwart, im Bezug zur äußeren Vergangenheit als erlebte Zukunft aus dem Blickwinkel der vergangenen Perspektive nicht zu sehen, sondern genau umgekehrt wahrzunehmen, ist es doch ganz anders, als wenn sich nicht die Zukunft in dem gegenwärtigen Geschehen, sondern gerade die vergangene Perspektive in dem zukünftig Erwarteten der Gegenwart wiederfindet ... die Zeit, ... die Zeit, einfach vorbeiziehen lassen ... einfach so ... wie im Märchen ... 100 Jahre Schlaf...tie...ie...fer ... Schla...a...f... „

> ☝Übung: Konfusion fühlen
>
> 2 Personen, A und B
> Lies den Text einem Kollegen vor:
> Der Hörer achtet bitte genau darauf, an welcher Stelle beim Lesen seine Aufmerksamkeit abschweift, wo er es aufgibt, verstehen zu wollen. Das ist der Moment, der zur weiteren Vertiefung der Trance genutzt werden kann.

Die Murmelmethode

Achtung: Diese Methode ist eine reine Trancevertiefungstechnik und keine Induktionstechnik. Diese Technik darfst Du daher erst anwenden, wenn Du Deinen Patienten bereits in Trance weißt. Die Reizverarbeitung ist eben in Trance vollkommen anders als im Wachzustand. Der sich in Trance befindliche Patient wird mit bestimmten Murmellauten, die in einem gleichmäßigen Rhythmus gesprochen werden, in eine tiefe Trance geführt. Vereinzelt können zwischen den monotonen Murmellauten verschiedene Worte zur Vertiefung eingesät werden (Tiefe, ... Versenkung, ... Ruhe, ... Entrückung, ... Schlaf, ... Traum, ...)
Die Anwendung dieser Methode verlangt ein wenig Übung. Übe, wenn diese Methode Dir zusagt, zuerst mit Kollegen, um ein Gefühl dafür zu entwickeln, wie es ist, wenn in einem gleichmäßigen Rhythmus bestimmte lautmalerische Klänge Dir über die Lippen kommen.

Mentales Training und imaginative Techniken

Die Förderung rechtshemisphärischer Aktivitäten unseres Gehirns ist eines der wesentlichen Kennzeichen moderner mentaler oder imaginativer Techniken. Unsere Kul-

tur ist eine linkshemisphärische. Schon in der Schule wird die einseitige Arbeitsweise der linken Hemisphäre gefördert: Rationales Denken, logische Sprache, Regeln, analytische Gedankengänge, lineare Ableitungen scheinen wichtiger als intuitives Erfassen, ganzheitliche Wahrnehmung, Gefühle oder Musikunterricht.
Lange Zeit galt die rechte Hemisphäre als unwichtig, bis man entdeckte, daß in der rechten Hirnhemisphäre ebenfalls starke Potenzen angesiedelt sind.

Die am häufigsten genannten Unterschiede zwischen der linken und rechten Hemisphäre lassen sich folgendermaßen skizzieren:

linke Hemisphäre	***rechte Hemisphäre***
verbal	nicht verbal, visuell-räumlich
sequentiell	gleichzeitig
zeitlich	räumlich
digital	analog
logisch	ganzheitlich
analytisch	synthetisch
rational	intuitiv
westliches Denken	östliches Denken

In Trance wird durch die bildhafte Sprache des Hypnotiseurs die Aktivität der rechten Hemisphäre angeregt. Die bildhafte Verarbeitungsweise dieser Hemisphäre machen sich verschiedene Techniken zur Erlernung von Fremdsprachen, Bewegungsabläufen oder Entspannungszuständen zu nutze. Das, was im Gehirn einen bildhaften Niederschlag findet, kann viel besser erinnert oder abgerufen werden, als „abstrakte Gedanken". Mit ein wenig Übung kann man seine Visualisierungsfähigkeiten enorm steigern, wie Du gleich sehen wirst:

☝ Übung: Visualisieren

Betrachte die unten gezeichnete Figur etwa eine Minute lang. Dann verdecke Deine Augen und versuche, diese Figur so zu sehen, wie Du sie in Erinnerung hast. Versuche sie wirklich zu visualisieren, so daß Du den Eindruck hast, Du würdest tatsächlich hinter Deinen geschlossenen Augen diese Figur sehen. Wenn Du Probleme damit hast, so übe einfach mehrmals, Du kannst auf diese Weise Deine Visualisierungsfähigkeiten immer weiter verbessern (Du kannst das theoretisch mit allen Dingen aus Deiner Umwelt tun, die Du optisch wahrnimmst):

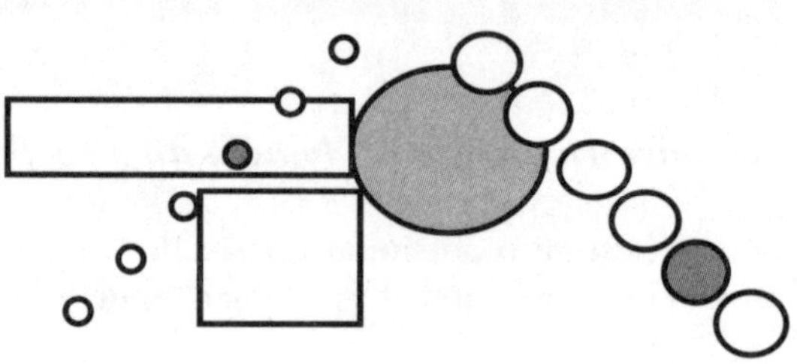

Abbildung: Visualisierungsfigur

☝Übung: Worte visualisieren

Schließe Deine Augen und stelle Dir eine Tafel vor, wie in der Schule. Stelle Dir weiter vor, daß Du mit weißer Kreide und in Druckbuchstaben folgende Worte auf die Tafel schreibst:

Ei
Hut
Tabelle
Lesetest

Fange beim ersten Wort an und versuche so lange zu üben, bis Du es mit geschlossenen Augen an Deiner Tafel lesen kannst. Du solltest sicher sein, daß Du das Wort wirklich innerlich siehst und nicht bloß denkst, daß Du es siehst. Das ist ein fundamentaler Unterschied. Wenn Du sicher bist, daß Du es siehst, dann lese es fließend rückwärts. Wenn Du das kannst, dann visualisierst Du richtig. Je länger die Worte werden, desto schwerer wird die Übung.

Vielleicht hast Du ja das Glück, daß Du eidetische Fähigkeiten besitzt, dann wird Dir diese Übung keinerlei Probleme bereiten (leider gibt es nur wenige Eidetiker!)

Seit ein paar Jahren hat sich eine interessante Methode etabliert, mit der man mittels einer bestimmten Präsentationstechnik sein Gedächtnis außerordentlich auf Vordermann bringen kann:

Die Mind-Map-Methode

Nehmen wie einmal an, Du mußt Dir bestimme Inhalte aus einem Vortrag, einem Gespräch oder einem Film merken. Anstatt nun mit einer linearen Aufzeichnungsweise (was jeder von uns aus der Schule kennt) sich die Stichworte Punkt für Punkt untereinander zu notieren, gehst Du folgendermaßen vor:

Du ordnest Deine Stichpunkte eher chaotisch auf einem Blatt und verbindest die Worte, die zusammengehören mit Strichen. Du hast dann schnell eine Zeichnung, die eher an etwas Korallenmäßiges erinnert und kannst mit bestimmten Farben, kleinen Zeichnungen oder Piktogrammen das Bild verfeinern. Dein Gehirn, das die bildhafte Verarbeitungsweise bevorzugt, wird sich Dein Werk viel besser merken können, als mit den herkömmlichen Methoden. Man braucht nicht allzuviel Phantasie zu haben, um sich vorzustellen, wieviel Arbeitserleichterung diese Technik mit sich bringen kann. Wenn Du Dich näher informieren willst, so besorge Dir das Buch:

„Das Mind-Map-Buch“ von Tony und Barry Buzan, mvg Verlag Landsberg 1997

Augenzugangshinweise

Vor kurzem hat man entdeckt, daß unsere Augenbewegungen auf unsere Denkweise hindeuten können. Augen, die sich während eines Gespräches nach oben bewegen, deuten darauf hin, daß der „Augenroller" sich in diesem Moment mit inneren Bildern beschäftigt, innere Bilder gar sieht. Bewegen sich die Augen in der horizontalen Richtung, so beschäftigt er sich vermutlich mit akustischen Phänomenen, vielleicht hört er in diesem Moment ein inneres Geräusch oder einen Klang. Bewegen sich die Augäpfel nach unten, so ist die Wahrscheinlichkeit groß, daß er sich mit Empfindungen oder Gefühlen beschäftigt. Mit Ausnahme der baskischen Region in Spanien sind diese Augenmuster weltweit anzutreffen (O'Connor 1992).
Dieses Wissen läßt sich nutzen, um dem Patienten in seiner inneren Denkweise entgegenzukommen. Sieht man z.B. zwischenzeitlich, daß der Gesprächspartner mehrmals mit seinen Augen nach oben rollt, so tastet er visuelle Repräsentationen ab. Nun kann der andere Gesprächspartner „auf den Zug aufspringen" und seine Sätze der Denkweise seines Gegenübers anpassen. Er kann dann z.B. Worte wie: Bild, Form, Farbe, Muster, Abbildung, Kontrast (alles visuelle Worte) usw. benutzen, und erhöht somit die Wahrscheinlichkeit, daß seine Informationen besser ankommen.

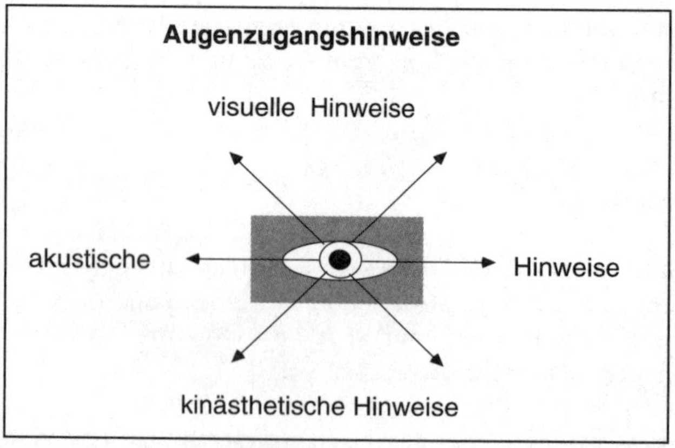

Erläuterung zum Bild: Die Pfeilrichtungen deuten auf visuelle, akustische oder kinästhetische Verarbeitungsmodi hin.

Z6: Anwendungen der Zahnärztlichen Hypnose III

Paradoxe Interventionen

Eine paradoxe Intervention ist eine bestimmte Reaktion (sprachlich oder non-verbal) mit der der Adressat nicht rechnet - sie verblüfft und trägt zur kurzzeitigen Verwirrung bei. Wenn ein Mensch verwirrt ist, ist er besonders empfänglich für Suggestionen, die ihm präsentiert werden. Wenn Du also paradoxe Interventionen in Dein Reaktionspotential aufnimmst, und darüber hinaus noch gezielte Beruhigungssuggestionen Deinem Patienten präsentierst, so sei Dir bewußt, daß der beste Zeitpunkt Deiner Suggestionen der ist, wo Dein Patient am „verwirrtesten" ist.

Ein praktisches Beispiel einer Konfusion aus dem Alltag (oder: wie mit dem Wunsch, getröstet zu werden, auch noch umgegangen werden kann)

An einem Sommertag saß Jürgen in seinem Garten und las Zeitung. Plötzlich hörte er von ferne ein lautes Kinderschreien. Der siebenjährige Nachbarsjunge Niko hielt sich sein rechtes Knie und kam laut schreiend durchs Hoftor gehumpelt. Entgegen seinem ersten Impuls, gleich aufzustehen, dem Jungen entgegenzulaufen und zu fragen, was denn passiert sei, blieb Jürgen sitzen und wartete, bis der Junge näherkam.

<ein erste Konfusion>

Er humpelte näher. Als er schließlich schreiend neben Jürgen stand, sagte er, daß er von seinem Cousin auf dem Fußballplatz geschubst wurde und sich dabei das Knie aufgeschlagen hatte. Während er das erzählte, jammerte er und schaute Jürgen dabei mit erwartungsvollen Augen an. Jürgen nickte nur verständnisvoll

<wieder eine Konfusion, der Junge rechnete eigentlich mit einem Trost>

und meinte zu Niko:

„So ist das, die besten Fußballspieler werden immer am schlimmsten gefoult, das kenne ich. Das ist in der Bundesliga auch nicht anders!"

<paradoxe Intervention>

Augenblicklich hörte Niko zu jammern auf, stellte sich gerade hin, ein stolzer Blick erfüllte sein Gesicht und er sagte nur, mehr erstaunt, als überlegt:

„Ja, der hat einfach mein Bein weggezogen, sonst wäre ich durchgegangen (zum gegnerischen Tor)!" Für einen kurzen Moment blieb er fast bewegungslos stehen, dann ging er, ohne zu humpeln, wieder zurück zum Hoftor und marschierte zum nahegelegenen Fußballplatz.

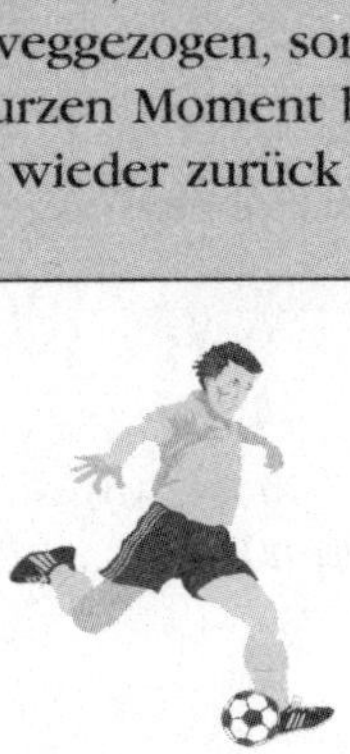

Offenbar hatte der Satz eine suggestive Wirkung hervorgerufen - es war ein *Reframing*, eine plötzliche Umdeutung eines Ereignisses.
Die Folge dieser plötzlichen Umdeutung: Das Erlebnis erscheint in einem anderen, überraschend neuen Licht.
Der „Trick" hierbei:
Ereignisse werden in einen anderen Zusammenhang gestellt, in dem sie anders bewertet werden und dadurch auch andere Gefühle nach sich ziehen.

Achtung!

☞Die Bewertungen bestimmen die Gefühle, nicht die Ereignisse selber.

Durch eine paradoxe Intervention wird ein anderer *Bewertungsmaßstab* erzeugt, der mit veränderten Empfindungen einhergehen kann. In unserem Beispiel ist das Gefühl der Verletzung dem Gefühl des Stolzes gewichen, und zwar ausgesprochen schnell.

Je unmittelbarer eine paradoxe Intervention präsentiert wird, desto eher die Wahrscheinlichkeit einer sich entfaltenden, kurzzeitigen Überraschungstrance. Schnelle, kognitive Umstrukturierungen „sausen" quasi am Bewußtsein vorbei, weil das Denken, eher träge, ein paar Augenblicke braucht, um eine unerwartete Aussage einzuordnen. In diesem Augenblick entsteht ein hypnoider Zustand, und parallel dazu die Möglichkeit der Tiefenbeeinflussung. Wenn nämlich das Bewußtsein kurzzeitig nicht mehr arbeitet, um einen tieferen Umstrukturierungsprozeß zu durchlaufen, so fehlen auch die alltäglichen Zensur- und Kontrollmechanismen, so daß ein Zustand der erhöhten Suggestibilität entsteht.

Abbildung: Paradoxe Intervention

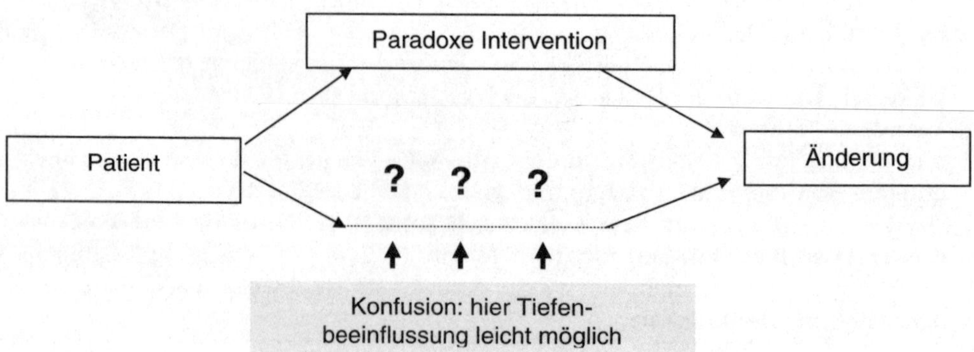

Weitere Beispiele paradoxer Interventionen aus der Zahnarztpraxis:
Der Angstpatient, der zitternd mit kalten Händen auf dem Zahnarztstuhl sitzt. Der Zahnarzt zu ihm:

„Das ist eine erstaunliche Leistung ihres Körpers, daß er ihnen so viel Energie bereitstellt, daß sich sogar die Körpertemperatur spürbar ändert,"

Oder:

„Zittern und schwitzen Sie bitte in aller Ruhe weiter!"
(Eine paradoxe Aufforderung, der beim besten Willen nicht nachgekommen werden kann. Entweder man erlebt Ruhe, dann zittert und schwitzt man nicht, oder man zittert und schwitzt, dann kann man keine Ruhe erleben.)

☞ Achte darauf, daß bei der Anwendung von paradoxen Interventionen der Rapport zum Patienten aufrecht erhalten bleibt:

☝Übung: Paradoxe Interventionen

A = Hypnotiseur, B =Patient, C = Beobachter
B spielt einen ängstlichen Patienten, der sagt:
„Mir wird immer richtig schlecht, wenn ich in eine Zahnarztpraxis trete." A läßt die Aussage von B auf sich wirken. A und C ziehen sich kurz zurück und überlegen, welche paradoxen Interventionen sinnvoll sein könnten. Wird eine Idee gefunden, so wird sie B mitgeteilt.
B berichtet anschließend, wie diese paradoxe Intervention gewirkt hat.

Weitere Übungen zum Thema:

Betrachte folgende Sätze und finde knappe paradoxe Erwiderungen:

ursprüngliche Aussage	**paradoxe Erwiderung**
„Ich habe wirklich Angst hier!"	
„Ich kann kein Blut sehen!"	
„Ich habe eiskalte Hände!"	
„Mein Herz schlägt so schnell!"	
„Ich zittere am ganzen Körper!"	
„Mir steht der Schweiß auf der Stirn!"	
„Wenn ich Spritzen nur sehe, wird mir ganz schwarz vor Augen."	

Metaphern und Symbole

Die Anwendung von Metaphern und Symbolen sind indirekte Möglichkeiten, das Problem des Patienten positiv zu beeinflussen. Sie sind gut geeignet bei Kindern und stark kontrollierten Patienten, um einen Zugang zu ihrer Problematik zu bekommen. Wenn Du selber Metaphern oder Geschichten z.B. für schwierige Kinder in Deiner Praxis suchst, so kannst Du Dich an folgendem Raster orientieren:

Um eine hypnotische Kindergeschichte zu konstruieren ist es wichtig, das Problem des Kindes genau zu umreißen. Wurde nun das Problem bestimmt, so kann man damit beginnen, es metaphorisch zu übersetzen. Nehmen wir an, wir haben ein Kind vor uns, daß über Angst vor dem Zahnarzt berichtet. Eine metaphorische Übersetzung dieses Problems wäre zum Beispiel folgende:

Du erzählst eine Geschichte von einem merkwürdigen kleinen Regenwurm, der sich vor Feuchtigkeit und Wasser fürchtet. Dem Kind wird nun eine Geschichte erzählt, in der *ein kleiner Regenwurm aus der Erde krabbelt und sich vor der Feuchtigkeit draußen fürchtet*. Zugleich ist diese Geschichte auch eine *Stellvertretergeschichte,* in der das Kind sich mit dem Regenwurm identifizieren kann (vielleicht fühlt das Kind sich wirklich wie ein anderer Wurm auf dem Zahnarztstuhl?).

Das weitere Vorgehen innerhalb der Geschichtenkonstruktion zielt auf eine positive Lösung des Problems in der Geschichte. Unser kleiner, ängstlicher Regenwurm könnte zum Beispiel an mehreren Tagen aus dem Erdreich schauen und ein wenig ältere Regenwürmer beobachten, wie sie eine Wasserschlacht in einer Pfütze machen. Er hört sie sprechen und erfährt, daß sie sich über einen kleinen Regenwurm lustig machen, der Angst vor dem Wasser der Regenpfützen hat. Der kleine Regenwurm fängt an, sich über sich selber zu ärgern, weil er noch nie draußen in der Regenpfütze und Feuchtigkeit war.
Dieser Ärger wird nun als weiterer Schritt in unserer fiktiven Konstruktion benutzt, um Energie für Veränderung zu aktivieren. Der kleine Regenwurm ärgert sich schließlich so über die großen Angeber, daß er beschließt, einmal ganz alleine nach draußen zu der Regenpfütze zu gehen und so zu sein wie die größeren.

Beim nächsten Schritt erlebt er, daß alles doch ganz anders ist, als wie er sich das vorgestellt hatte. Hier macht er nun eine korrigierende Erfahrung.
Dann erlebt unser kleiner, mutiger Regenwurm, daß diese außergewöhnlichen Erfahrungen auch Auswirkungen auf andere Bereiche in seinem Leben haben. Er spürt zum Beispiel, wie es sich anfühlt, mutig, tapfer oder einfach nur ein bißchen größer zu sein. Als nächsten Schritt könnte man unseren tapferen Regenwurm von seiner Zukunft träumen lassen, in er der mit seinem neu gewonnenen Mut Erfahrungen sammeln kann (future pace).

☞ Zusammenfassend lassen sich diese Punkte folgendermaßen darstellen:

- Genaue Problembestimmung
- Problem metaphorisch, kindgerecht übersetzen
- Konstruieren einer Gestalt, mit der das Kind sich identifiziert
- Eine metaphorische Lösung andeuten
- Aktivierung von Energie für die notwendige Veränderung
- Erleben der Veränderung, der korrigierenden Erfahrung
- Generalisierung der korrigierenden Erfahrung
- Erproben des Neuen in der Zukunft

(in Anlehnung an Schütz, Hypnose in der Praxis, 1997)

Wenn Du solche Geschichten für Kinder konstruierst, so kannst Du Dich mit dem Aufbau und Inhalt an den realen Interessen des Kindes orientieren. Jungen haben andere Vorlieben als Mädchen, was den Inhalt Deiner Geschichte beeinflussen wird. Des weiteren spielt das Alter des Kindes eine große Rolle. Geschichten, die Du wie die obige kindgerecht erzählst, können schon bei Fünfjährigen eine positive Wirkung erzielen.

Du kannst solche Geschichten auch Erwachsenen erzählen, die sich in Trance befinden. Im Zustand der Trance akzeptiert der Patient gerne Phantasien, die ihn an seine Kindheit erinnern, weil die Reizverarbeitung im Zustand der Hypnose viel mit kindlichem, bildhaftem, magischem Denken zu tun hat.

☝ Übung:
Finde einfache metaphorische Übersetzungen für folgende Problembereiche:

Problem	**Metapher**
Kind ist hypernervös und kaut stark an seinen Nägeln.	
Kind verhält sich sehr inkongruent - es lacht an Stellen, wo es eigentlich nichts zu lachen gibt.	
Kind (Erwachsener) hat eine mangelhafte Zahnpflege.	
Erwachsener hat starken Mundgeruch.	
Patient ist immer unpünktlich und unzuverlässig.	
Kind lutscht am Daumen.	

Arbeit mit Symbolen

Jedes Problem Deiner Patienten läßt sich symbolisch abbilden. Durch die einfache Aufforderung:

„Stellen Sie sich vor, wie ihr Problem wohl aussehen würde, wenn es ein Symbol wäre!"

läßt sich schnell Kontakt zur bildhaften, symbolischen Verarbeitungsweise des Unbewußten herstellen. Bei Menschen mit hauptsächlich akustischer innerer Verarbeitung würde man vielleicht nach einem hörbaren Symbol, bei „Kinästhetikern" nach einem fühlbaren fragen.
Nehmen wir an, daß das Problem des Patienten in die symbolische Sprache des Unbewußten übersetzt wurde. Dort wird es dann weiterverarbeitet - hier gibt es unterschiedliche Möglichkeiten:

1. Man überantwortet dem Unbewußten die volle Arbeit der weiteren Entwicklung des Symbols. Unser Unbewußtes besitzt latente Selbstheilungskräfte - überläßt man also dem Unbewußten das „Spiel" mit dem Symbolischen, so wird sich im allgemeinen das Symbol rasch ändern mit der Folge, daß es immer weniger bedrohlich wird. Es ist ähnlich wie bei der forcierten Submodalitätenarbeit beim NLP - aber mit dem Unterschied, daß bei der „Symbolarbeit" keinerlei Aufforderungen zur Änderung des Symbolhaften gemacht werden. Alles wird hier der „Intelligenz des Unbewußten" überlassen.

Übung: Symbolarbeit

A = Hypnotiseur, B = Versuchsperson, C = Beobachter
B sucht ein Problem, daß er selber erfahren hat (z.B. Problem, daß B während seiner Arbeit mit bestimmten Patienten hat). Mit Hilfe von A soll versucht werden, sein Problem symbolisch zu übersetzen. B läßt also sein eigenes Symbol auf sich in einem leichten Trancezustand wirken. Er macht die Erfahrung, wie es (das Symbol) sich immer weiter, ganz von alleine entfaltet. A begleitet den Prozeß und präsentiert gegebenenfalls Suggestionen, die diesen, sich selbst tragenden Prozeß, fördern. C beobachtet.

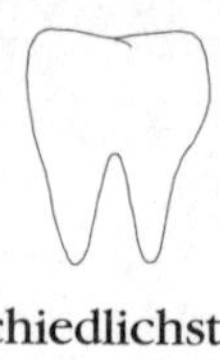

2. Man arbeitet hier mit den unterschiedlichsten Suggestionen, die alle das Ziel haben, daß sich das Symbol positiv verändert. Z.B. könnte einem Patienten, der ein Symbol

für seine Angst entwickelte („schwarzer, viereckiger Klotz") gesagt werden, daß der Klotz sich nun zu verändern beginnt, runder und farbiger wird und eine sanfte Melodie, wie aus einem Kofferradio, herauskommt usw. Nimmt der Patient diese Suggestionen an, so wird sich sein Problem abschwächen, im günstigsten Falle vielleicht sogar auflösen.

Umgang mit Problempatienten

Phobien

Während die Angst einen oft beschleicht, entstehen phobische Reaktionen blitzartig. Das plötzliche sirrende Geräusch eines Bohrers, Alkoholgeruch, der Anblick einer Spritze, das Blinken verschiedenartiger metallener Instrumente usw. können Auslöser für eine phobische Reaktion sein. Der Patient ist oft wie gelähmt oder, im anderen Extrem, so unruhig, daß er wie wild um sich schlägt. Ein Mensch, der eine phobische Reaktion erlebt, ist in diesem Moment nur schwer ansprechbar. Deshalb ist es wichtig, den Patienten erst einmal in einen ressourcenvollen Zustand zu führen, um anschließend mit der Phobie besser umgehen zu können.

Eine gute Methode, um die Phobie des Patienten abzuschwächen oder aufzulösen ist die Phobie-Technik aus dem NLP:

Diese Phobie-Technik ist eine Technik, die in fünf Schritten eine starke Phobie positiv beeinflussen kann:

1. Der Patient stellt sich vor, wie er im Kino als Zuschauer auf eine Leinwand blickt, während er bequem sitzt.

2. Der Patient wird gebeten, sich das erste Erlebnis in seinem Leben vorzustellen, in dem seine Phobie auftrat. Dann wird er gebeten, daß Erlebnis aus der Zuschauerrolle als Film auf der Leinwand zu sehen. Der Film sollte folgendermaßen aufgebaut sein: Patient sieht sich selber in Sicherheit (vor der phobischen Reaktion) → Patient erlebt Phobie → Phobie ist wieder verschwunden.

3. Der Patient stellt sich nun vor, wie er mit all seinen gegenwärtigen Ressourcen als Zuschauer in seine Filmrolle in die Leinwand schlüpft und verändert und gereift diese schwierige Situation erlebt (ohne die Angstattacken von damals).

4. Wenn er das geschafft hat, bittest Du ihn wieder aus der „Leinwandrolle" in die Zuschauerrolle zu steigen. Laß ihm hierbei Zeit, daß er seine Erlebnisse verarbeiten kann.

5. Future pace: Der Patient soll sich vorstellen, mit all seinen neu gewonnenen Erfahrungen Situationen in seiner Zukunft aufzusuchen, die bei ihm früher Angst, Panik ausgelöst hätten. Auch hier: dem Patienten viel Zeit lassen!

Eine andere Methode, um eine Angst oder Phobie des Patienten positiv zu beeinflussen, ist die Webetechnik:

Der Patient wird in Entspannung in eine ressourcenvolle Situation geführt. Der Behandler ankert diese starke Situation (eventuell mitschreiben: VAKOG Anker, das heißt ein Anker, an dem möglichst viele verschiedene Sinnessysteme beteiligt sind). Dann wird der Patient über bestimmte Anleitungen in eine Situation begleitet, in der er seine Phobie erlebt hat (z.B. auf dem Zahnarztstuhl). Während die phobischen Reaktionen erlebt werden, werden gleichzeitig die Ankerreize der starken Situation aktiviert, so daß sich der Zustand der Phobie mit dem ressourcenvollen mischt.

Die Implosionstechnik:

Hier wird der Patient mit dem Reiz konfrontiert, der ihn am schlimmsten ängstigt. Der Patient befindet sich in einer sicheren Umgebung und wird, sozusagen unter „Zwang“ in eine Angstsituation geschickt. Hier explodiert dann die Angst und verwandelt sich in Panik. Da es sich um eine innere Explosion handelt, spricht man von Implosion. Macht der Patient nun die Erfahrung, daß in diesem dramatischen Fall nichts Schlimmes passiert, so verschwindet das neurotische Verhalten, das der Angstvermeidung diente. Diese, zugegebenermaßen recht grobe Methode, gilt als sehr effektiv.

Würgen

Der Kaspar, der war kerngesund,
Ein dicker Bub und kugelrund,
Er hatte Backen rot und frisch;
Die Suppe aß er hübsch bei Tisch.
Doch einmal fing er an zu schrei´n:
„Ich esse keine Suppe! Nein!
Ich esse meine Suppe nicht!
Nein, meine Suppe ess´ ich nicht!“
... (Die Geschichte vom Suppen-Kaspar)

Der Mund ist bekanntlich ein sehr sensibles Organ. Es kann hier schnell zu Störungen der Funktion und des Empfindens kommen. Bei extremem Würgereiz kann bereits schon die bloße Zurschaustellung von diversen Zahnarztinstrumenten den Würgereiz auslösen. Oder einfache Berührungen, wie zum Beispiel am Hals, lösen den Würgreflex aus. Hier kann man mittels hypnotischer Techniken folgendes tun:

- Man unterbricht mit hypnotischen Methoden die Reaktionsschleife:

Reiz → Würgen → stärkerer Reiz→ stärkeres Würgen

- oder man lenkt den Patienten derart hypnotisch ab, daß eine Behandlung möglich wird (Hier wird die Ursache seiner Problematik nicht berührt).

oder:

Man versucht die Ursache des Würgereizes zu eruieren. Der Patient könnte in Trance geführt und anschließend animiert werden zum ersten Würgeerlebnis seines Lebens zu gehen.
(Nebenbei bemerkt: das sind nicht immer Erlebnisse, die dem Patienten wirklich bewußt sind. Manche Patienten meinen, daß sie dieses Erlebnis kennen und sind um so erstaunter, was ihnen möglicherweise ihr Unbewußtes an überraschenden Erkenntnissen präsentierte. Es ist deshalb wichtig, hier auf die richtige Formulierung zu achten. Die Formulierung:
„Lassen Sie sich von Ihrem Unbewußten an die Hand nehmen und zum allerersten Würgeerlebnis ihres Lebens begleiten“ ist besser als: „Gehen sie zum ersten Würgeerlebnis Ihres Lebens!“ Die erste Aufforderung ist passiver Natur und entlastet den Patienten von einem aktiven Suchvorgang, der im allgemeinen einer Entfaltung hypnotischer Phänomene nicht sehr förderlich ist)
Dann könnte versucht werden, den auslösenden Reiz (vielleicht wurde dem Patienten als Kind gewaltsam Essen in der Mund geschoben) derart zu verändern, daß dem Würgereiz die Grundlage entzogen wird. Anschließend sollte der Patient durch alle Stationen seine Lebens begleitet werden, in denen früher der Würgereiz auftrat. Nun hat er die Möglichkeit, diese Stationen würgefrei zu erleben. Dann kannst Du den Patienten noch auf eine kleine Zukunftsreise schicken, wo er die Erfahrung machen kann, ohne Würgen sich vom Arzt behandeln zu lassen (siehe auch: Change-History-Technik).

Kreislaufprobleme

Starker Streß beeinflußt den Kreislauf des Menschen. Das Gesicht wird blaß, die Hände kalt und naß, der Mund trocken, die Stimme gepreßt. Der Patient erlebt also eine Dystrance (oder Problemtrance).

Hier kann man dem Patienten ein paradoxes Angebot machen, um ihn mittels Konfusion schnell in einen anderen, besseren Zustand zu führen, z.B.:

„Lassen sie in aller Ruhe ihren Körper einfach weiter machen, ohne etwas beeinflussen zu müssen, Ihr Körper weiß, glauben Sie mir, am allerbesten, wie er mit dieser Situation umgehen muß, gut so.“

<Das ist natürlich eine paradoxe Aufforderung, die abgekürzt so heißt:“ Haben Sie in aller Ruhe weiter Angst!“> Der Patient wird also durch dieses Angebot derart durcheinandergebracht, daß das starke Reaktionsmuster: Reiz → Angst → Kreislaufprobleme durchbrochen wird.

Oder:
Ein Patient:
„Ich werde immer gleich ohnmächtig, wenn ich auf dem Zahnarztstuhl sitze."

Der Zahnarzt:
„Wunderbar, legen Sie sich gleich flach auf den Stuhl, und fangen bitte gleich mit der Ohnmacht an, so daß Sie schnell wieder aus der Praxis kommen. Sie wollen doch bestimmt schnell wieder heraus, oder?"

Oder:
„Wunderbar, dann sparen wir uns eine Hypnosesitzung - setzen Sie sich gleich auf den Stuhl und werden Sie dann ohnmächtig!"

Achtung:

☛ Auch hier: Vorsicht, daß bei solchen Aussagen der Rapport nicht leidet. Fühlt sich der Patient durch Deine Aussagen nämlich verschaukelt, so kann der Rapport zerbrechen mit der Folge, daß Dein Patient nicht mehr zu Dir kommt oder, noch schlimmer, er zeigt Dir, was ein richtiger Kreislaufkollaps ist.

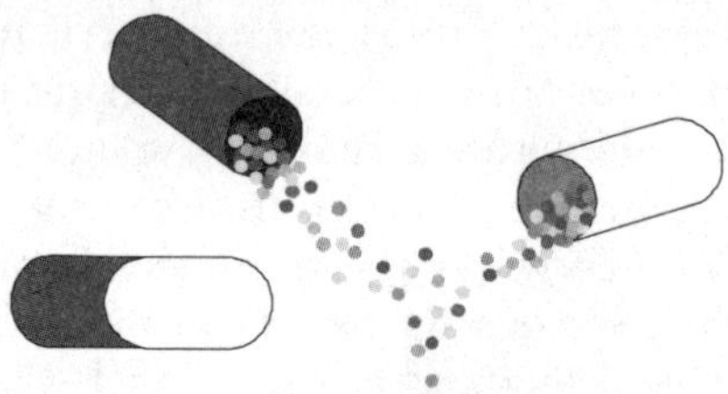

Achtung:

☛ Unterscheide zwischen psychogenen Kreislaufschwankungen und denen, die somatisch bedingt sind.

Überreaktion bei Adrenalinzugabe

Bei kreislauflabilen Patienten kommt es manchmal zur Tachykardie. Bei adrenalinhaltigen Medikamentenzugaben kannst Du von vornherein die einsetzende Wirkung des Adrenalins beschreiben, z.B.:

„Das Herz kann für kurze Zeit schneller klopfen das ist ganz normal, achten Sie mal drauf, wie sich das anfühlt, das geht so schnell vorbei, wie es gekommen ist."
<Ein einfaches Pacing und ein einfaches Leading>

Myoarthropathien und Bruxismus

Die sichere Diagnose steht an erster Stelle. Nur bei einer eindeutigen medizinischen Diagnose ist die Anwendung von Hypnose sinnvoll. Das einfache „Weghypnotisieren"

von Schmerzen könnte zu einer fehlerhaften Diagnose mit folgenschweren Konsequenzen führen. Schmerz ist eine Art innere Alarmanlage, die in jedem Fall ernst genommen werden muß.
Bei chronischen Schmerzen beobachten wir oft folgenden Kreislauf: Je chronischer die Schmerzen werden, desto mehr verselbständigen sie sich und desto weniger erfüllen sie ihre ursprüngliche Funktion als inneres Alarmsignal. Mit zunehmender Angst vor Schmerzen steigt die Körperspannung des Patienten mit der Folge, daß die Schmerzen noch stärker werden. Die Gedanken drehen sich nur noch um die erlebten Schmerzen und die Angst vor weiteren, vielleicht noch schlimmeren Schmerzen, ein fataler Teufelskreis.

Beachte bei der Behandlung von Myoarthropathie Folgendes:

- Genaue Diagnose (gibt es einen sekundären Krankheitsgewinn ...?)
- Ist der Patient motiviert, an sich zu arbeiten?
- Besitzt der Patient ein Minimum an Introspektionsfähigkeit?
- Ist er bereit, Zeit zu „opfern" und mit Selbsthypnose zu üben?
- Ist er bereit, ein Schmerztagebuch zu führen, um den Schmerzverlauf genau dokumentieren zu können (kostet auch Zeit)?
- Ist der Patient suggestibel?
- Ist er zuverlässig, was die regelmäßigen Termine beim Zahnarzt betrifft?

Wenn Du diese Fragen für Dich abgeklärt hast, dann kannst Du mit dem Wissen, das Du bereits über Hypnose und Selbsthypnose erworben hast, Deinen Patienten positiv beeinflussen.

Redewendungen:

Bei deutlichem Zeichen von Bruxismus (Schliffacetten, keilförmige Defekte usw.) führen folgende hypnotische Redewendungen zu einem guten Rapport:

„Manchmal hat man so viele Probleme, daß man sie sogar nachts durchkauen muß!"

„Sie beißen sich ja ganz schön durchs Leben durch!"

☛ Myoarthropathien und Bruxismus haben meist psychogene Komponenten!

Bei starker Verspannung im Mundbereich kannst Du Deinen Patienten in Trance versetzen und mittels einer posthypnotischen Suggestion versuchen, die muskulären Verspannungen umzuleiten. Z.B. könntest Du dem sich in Trance befindlichen Patienten sagen, daß die Verspannungen sich nicht mehr im <u>Mundbereich</u> ausdrücken, sondern in seine <u>rechte Hand</u> wandern sollen, um sich dort am nächsten Morgen in eine Faust zu verwandeln.

Aphthen/Ulzera

Genese: chronisch rezidivierende oder habituelle Defekte. Kein sicherer Hinweis auf Infektion, oft von Viruserkrankungen hervorgerufen. Erscheinungsbild: Solitäraphthe oder sporadisch als Erosionen auf der Mundschleimhaut.

Behandlung durch Selbsthypnose (Fremdhypnose) möglich, z.B.:

- Mit Vorstellungsbildern, die die Durchblutung anregen (Schleusen, die sich öffnen, rauschendes Blut, das reinigt und heilt ...).
- Mit Bildern, wie zum Beispiel ein heilendes Licht, das spürbar auf die verletzte Stelle strahlt (VAKOG-Anreicherung).
- Selbstheilungskräfte aktivieren und sie mit deutlichen Bildern auf das verletzte Gewebe leiten.
- Aggressive Vorstellungsinhalte: fressende Körperzellen (Killerzellen) die Eindringlinge im Körper erbarmungslos vernichten.
- Metaphern (Rosinen, die immer mehr austrocknen und schrumpeln, weil sie in der prallen Sonne liegen, Wellen am Meer, die die Unebenheiten am Strand glätten ...)
- Die kranken Körperstellen in heilendes Wasser tauchen (VAKOG-Anreicherung)

Zungenbrennen

Wichtig: genaue Diagnose.

Ursache oft psychogen, kann aber auch in Zusammenhang stehen mit:

- perniziöser Anämie
- Diabetes mellitus
- Neuralgie des Nervus glossopharyngeus
- allergischen Prozessen (Metallunverträglichkeit)
- Menopause
- Folge von Vitamin B-Mangel

Linderung oder Behandlung mit Hypnose (Selbsthypnose) möglich, z.B.:
Visualisierungsmethoden, die einem brennenden Gefühl entgegensteuern (z.B. Bilder von Löschen von Bränden oder Regen, der unangenehme Empfindungen wegspült, Suggestionen von leichter Kälte ...). Bilder sinnlich anreichern!

Herpes

Genese: Viruserkrankung (mehr als 100 Viren bekannt)
Dauer: etwas 8-14 Tage
Lokalisation: hauptsächlich Mund- und Genitalbereich

Zur Zeit keine medikamentöse Heilung möglich.

Beeinflussung durch Hypnose und Selbsthypnose:

- Bewußtmachen möglicher Stressoren und Gegensteuerung (Bilder von Ruhe, Gelassenheit, Gelöstheit, Muße, Urlaub, Gleichgültigkeit ...)
- Visualisierungsmethoden mit VAKOG-Anreicherungen (Bilder von Austrocknung, Wüste, Schrumpeln, abfallenden Blättern von Bäumen im Herbst ...)
- Aktivierung von Gedanken, die die Selbstheilungskräfte des Körpers steigern (Bilder von persönlicher Gesundheit, Kraft, Lebensfreude, Energie ...)

Selbsthypnose und Autogenes Training

Wenn starker beruflicher Streß oder private Probleme mit den Verspannungen im Mundbereich in Zusammenhang stehen, so ist es ratsam, den Patienten mit der Technik der Selbsthypnose zu vertrauen. Es gibt mittlerweile eine große Zahl unterschiedlicher Kassetten und CD´s, die über Tiefenentspannung dem Patienten eine positive Erfahrung zukommen lassen. Der Patient sollte dazu angehalten werden, sich jeden Tag etwa 20-30 Minuten für diese Übungen Zeit zu nehmen.

Change-History-Technik

Manchmal ist es auch möglich, mittels hypnotischer Techniken zu den Ursachen der Muskelverspannungen zu kommen. Wenn Du Dir das in Deiner Praxis zutraust, dann kannst Du mittels der Technik der Change History die ursächliche Situation so ändern, daß es für den Patienten keinen Grund mehr gibt, mit Verspannungen auf ein unterschwelliges Problem zu reagieren.

Die Idee der Technik der Change History ist einfach:
Du versetzt Deinen Patienten in Trance und führst ihn zu der ersten Situation, in der seine Verspannungen im Mundbereich auftraten („Nehmen Sie sich so viel Zeit, wie Sie brauchen und lassen Sie sich von ihrem Unbewußten zu dem ersten Erlebnis Ihres Lebens führen, in dem die Probleme mit Ihrem Mund zum allerersten Mal spürbar waren ..."). Du kannst diesen Prozeß zusätzlich an ein ideomotorisches Signal koppeln, so daß Du dem Patienten sagst, daß dann seine rechte Hand hochsteige, wenn sein Unbewußtes das erste Erlebnis gefunden habe. Es ist nicht unbedingt nötig, daß sich der Patient bewußt an dieses Erlebnis erinnern muß. Du kannst sein Unbewußtes damit beauftragen (wenn es in Ordnung ist) diese erste, belastende Situation positiv umzugestalten. Binde den Prozeß der Umgestaltung wieder, zur Sicherheit, an ein ideomotorisches Signal.
Dann führst Du den Patienten in chronologischer Reihenfolge durch die verschiedenen problematischen Situationen seiner Vergangenheit in die Gegenwart zurück.
Wenn Du willst, dann kannst Du den Patienten mit seinen neu gewonnenen Ressourcen auch in seine Zukunft schicken (in Trance), um das zu erproben und nachzufühlen, was er mit seinen neuen, positiven Empfindungen zu erwarten hat.

Abbildung: Change History

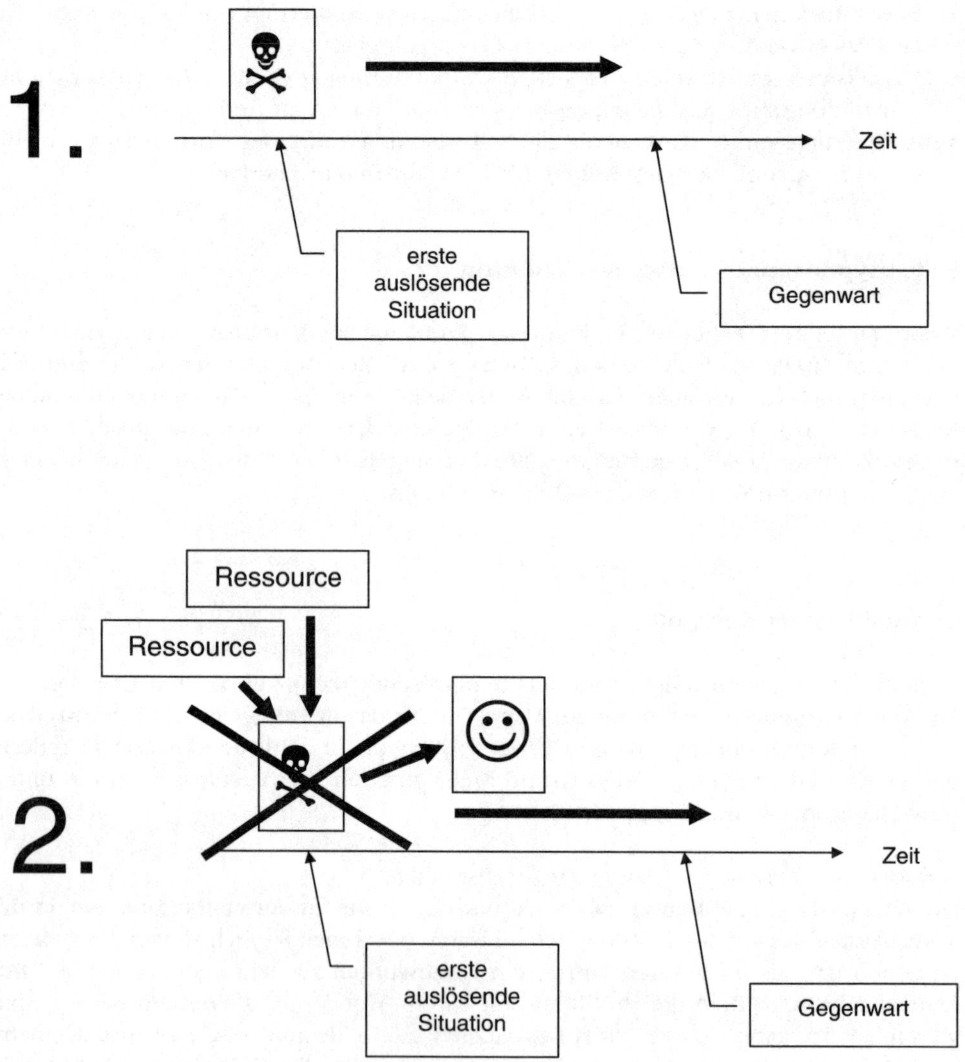

Empfohlene Literatur:

Zahnmedizinische Hypnose:

Schmierer, A.: Einführung in die Zahnärztliche Hypnose. Berlin 1993.
Staats, J .& Krause W.-R.: Hypnotherapie in der Zahnärztlichen Praxis. 1995.

Hypnose:

Alman, B.M. & Lambrou, P.T.: Selbsthypnose. Ein Handbuch zur Selbsttherapie. Heidelberg 1995.
Araoz, D. L.: Die neue Hypnose. Paderborn 1989.
Bandler, R. & Grinder, J.: Therapie in Trance. Hypnose: Kommunikation mit dem Unbewußten. Stuttgart 1989.
Bongartz, B. & Bongartz, W.: Hypnose. Wie sie wirkt und wem sie hilft. Hamburg 1992.
Eberwein, W. & Schütz, G.: Die Kunst der Hypnose. Dialoge mit dem Unbewußten. Paderborn 1996.
Eberwein, W.: Abenteuer Hypnose. Heilung durch Trance. München 1996.
Fourie, D.P.: Hypnose. Ein ökosystemischer Ansatz. Berlin 1994.
Gilligan, S.: Therapeutische Trance. Das Prinzip Kooperation in der Ericksonianischen Hypnotherapie. Heidelberg 1991.
Haley, J.: Typisch Erickson. Muster seiner Arbeit. Paderborn 1996.
LeCron, L.M.:: Fremdhypnose, Selbsthypnose. Genf 1993.
Revenstorf, D. & Zeyer, R.: Hypnose lernen. Leistungssteigerung und Streßbewältigung durch Selbsthypnose. München 1994.
Schütz, G.: Hypnose in der Praxis - Über das Phänomen der Trance. Paderborn 1997.
Zeig, J.: Die Weisheit des Unbewußten. Hypnotherapeutische Lektionen bei Milton H. Erickson. Heidelberg 1995.

NLP:

Bandler, R. & Grinder, J.: Reframing. Ein ökologischer Ansatz in der Psychotherapie (NLP). Paderborn 1990.
Bandler, R. & MacDonald, W.: Der feine Unterschied. NLP-Übungsbuch zu den Submodalitäten. Paderborn 1991.
Dilts, R., Bandler, R., Grinder, J.: Strukturen subjektiver Erfahrung. Paderborn 1991.
O´Connor, J. & Seymour,J.: Neurolinguistisches Programmieren: Gelungene Kommunikation und persönliche Entfaltung. Freiburg 1992.
Walker, W.: Abenteuer Kommunikation. Bateson, Perls, Satir, Erickson und die Anfänge des Neurolinguistischen Programmierens (NLP). Stuttgart 1996.

Kinderhypnose:

Mrochen, S.; Holtz, K.-L.; Trenkle, B.: Die Pupille des Bettnässers. Hypnotherapeutische Arbeit mit Kindern und Jugendlichen. Heidelberg 1993

Bücher für Fortgeschrittene:

Kossak, H.C.: Hypnose. München 1989.

Revenstorf, D. (Hrsg.): Klinische Hypnose. Berlin, Heidelberg 1990.

Rossi, E. L.: Die Psychobiologie der Seele-Körper-Heilung. Neue Ansätze der therapeutischen Hypnose. Essen 1991.

Rossi, E.L: Gesammelte Schriften von Milton H. Erickson. Band 1-6. Heidelberg 1995-voraussichtlich 1998.

Körpersprache:

Argyle, M.: Körpersprache und Kommunikation. Paderborn 1992.

Morris, D.: Das Tier Mensch. Köln 1994.

Birkenbihl, V.F.: Signale des Körpers. Landsberg am Lech 1997.

Molcho, S.: Körpersprache. München 1996.